"ânı yakala!"

düşünüyorum öyleyse sınavdan kaç alırım?

hazırlayan: hakan karadaş
konsept danışmanı: ömer sevinçgül
editör: sibel talay
kapak illustrasyon: ravza kızıltuğ
kapak tasarımı: pasifik ofset
baskı-cilt: pasifik ofset
cihangir mah. güvercin cd.
baha iş merkezi
avcılar/istanbul
tel: 0212-412 17 77

carpe diem kitap
lacivert yayıncılık san. ve tic. ltd. şti.
alayköşkü cad. no:11 kat:2
cağaloğlu-istanbul
yayın: 0212 514 63 89
satış-dağıtım: 0212 511 24 24
www.carpediemkitap.com
kitap@carpediemkitap.com
copyright ©carpe diem kitap
kültür bakanlığı yayıncılık
sertifika no:12366

gençlik edebiyat kitaplığı
ciddi ciddi komik kitaplar-4
düşünüyorum öyleyse sınavdan kaç alırım?
isbn 978-975-6107-44-7
1. baskı, istanbul, şubat 2008
6.baskı, istanbul, şubat 2010

hakan karadaş

düşünüyorum
öyleyse
sınavdan kaç alırım?

hakan karadaş

hamamözü, amasya 1974 doğumlu olup, atatürk üniversitesi fen edebiyat fakültesi sosyoloji bölümü ve ankara üniversitesi hukuk fakültesi'nde öğrenim gördü. 11 yıl felsefe grubu dersleri öğretmenliği yaptı. hâlen milli eğitim bakanlığı teftiş kurulu başkanlığı'nda müfettiş yardımcısı olarak görev yapmakta ve istanbul'da yaşamaktadır.

teşekkür

aslında bu çalışma bağcılar yunus emre
ticaret meslek lisesi öğrencilerine/mezunlarına
ait sayılır… bu yüzden onlara ithaf edilmiştir.
sizleri çok seviyoruz… ve unutmadık…

hakan karadaş

"...çünkü insana en çok kitap yakışıyor.
ve mürekkebin kuruduğu yerde kan akıyor..."

Önsöz...

Varsın; çünkü düşünüldün...

Varlık... Varım... Varsın... Var...
Varız... Varsınız... Varlar...
Yokluk... Yapma ya...

Descartes'in, "Düşünüyorum öyleyse varım" savının Matrix filminden sonra bir soru ile sorgulandığını görmüştük.

Basit bir soru idi bu. Nereden biliyorsun?

Var olduğunu nereden biliyorsun? Düşündüğünü? Ya var olduğuna inandırılmışsan? Düşündüğüne inandırılıyorsan?

Bizi yaşadığımıza, var olduğumuza, var olabileceğimize inandıran şeyler nelerdir?

Nefes almak, süt içmek, kalbimizin hâlâ atıyor olması, pencereden dışarıyı seyretmek, âşık olmak, düşünmek, kavga etmek, ölmek, bir çocuğun doğumunu izlemek, anne olmak, baba olmak, öfkelenmek, isminizin ön tarafında bir unvana sahibi olmak, yalan söylemek, dua etmek, yağmurda yürümek, karşıdan karşıya geçerken saatte iki yüz kilometre hızla giden bir arabanın altında kalmak, kırmızı ışıkta durmak...

Durduk, tamam...

Olmak bir muamma, olmamak ise bir başka muamma...

İnsanın var olduğunun bilincinde olan bir varlık olması, bunu idrak etmesi daha garip bir muamma... Bizler hiçbir kitaba sığmayacak kadar büyük, BBC belgeselleri ile açıklanamayacak kadar karmaşık bir mucizenin içindeyiz aslında. Adına hayat denilen bir mucize bu... Ve o hayatın içindeki milyonlarca aktörden biri; insan...

Kendi varoluşunu sorgulayan baş mucize...

Bu çalışmada, hayatlarının henüz başında olan gencecik insanların, ünlü filozofların, fizikçilerin üzerinde kafa yorduğu bazı temel felsefe kavramları ile ilgili olarak bazen tebessüm ettiren, bazen düşündüren samimi değerlendirmelerini okuyacaksınız.

Bu çalışma kuru, soyut bilgiler yerine hayatla daha çok iç içe olan metinlerin yer aldığı kitaplara duyulan özlemi de ifade etmektedir aynı zamanda.

Üniversite sınavında paragraf soruları vardır. Bazı öğrenciler uzun paragrafı görür görmez pes eder ve okumadan diğere sorulara geçerler. Çünkü zihinleri paragrafın uzunluğu ile sorunun zorluk derecesi arasında bir bağlantı kurar. Oysa yanıt hemen önlerinde, paragrafın içinde bir yerde durmaktadır. Öğrenciden istenen genelde paragrafın ana fikridir. Uzun bir paragraf ve o paragrafta bir cümlelik ana fikir...

Bu kitap hayatın ana fikrini bulmak için kaleme alınmış bir çalışma değildir.

Sizi var olduğunuza inandırmak için de kaleme alınmamıştır.

Rahat olabilirsiniz... Sınavda değilsiniz...

Bu kitabın amacı lütfedip de okuyanların yüzüne biraz tebessüm düşürmektir.

Okuyanları biraz düşündürmektir.

Başlangıç...

Elinizde, içinde sınıf listesinin de olduğu bir defterle bir koridoru adımlarsınız... Yürürken gözleriniz duvarlara değer, önünüzdeki boş koridora...

İki yanınızda kapılar... Bir adım sonra bir adım daha... Kapıların önünden geçerken hayatın kalp atışlarını duyar gibi olursunuz. Çünkü birkaç adım ötenizde, kapıların hemen arkasında yüzlerce genç insan vardır.

Sonra kapılardan birinin önünde durursunuz. İçeri girmenizle birlikte gözler birer ikişer size çevrilir. Üzerinizde bakışlar vardır artık.

"Aaa hocaaa geldi" diyen bakışlar. "Hoş geldiniz" diyen bakışlar... "Sen de kimsin yaa?" diyen bakışlar... "Gelmeseydiniz de olurdu biz böyle iyiydik" diyen bakışlar... Sorgulayan, merak eden, ilgi dolu, ilgisiz, bir sınıf dolusu bakış...

Sesler yavaş yavaş azalır. Bir süre sonra tüm gözler yeni gelenin üzerindedir.

Ve başlar...

Sınıf listesindeki numaralar zaman içinde önce bir isme dönüşür, isimler zamanla bir yüreğe. Hayalleri, korkuları, hüzünleri olan birer genç insana...

Ve okul koridorları... Sınıflar... Tüm o koşturmaca, farklı hayatlar, farklı hayaller, farklı hüzünler, "Kaosta hayat vardır" sözünü doğrularcasına haftanın beş günü tekrar tekrar hayatı doğurur...

Bir zamanlar; okulum...

İlk ve ortaöğretim okullarındaki öğrenci sayısı yüz otuz binin üzerinde olan, İstanbul'un en büyük ikinci varoşu diye de isimlendirilen bir ilçe... Bağcılar... "Asıl İstanbul"un kenarında kalmış başka bir İstanbul...

Ve bu İstanbul'da okul dağılışlarında kapısında genelde bir polis arabasının bulunduğu kendi halinde mütevazı bir lise...

Etrafı duvarlarla çevrili mavi bir bina... Sessizlik hâkim binanın içine...

Ders zili biraz önce çaldı.

Zeminle beraber dört kat olan okulumu düşünürken, "Duvarlar ne kadar çok insanı birbirinden ayırıyor" diye bir cümle parmak uçlarıma gelip oradan kâğıda dökülüyor.

Duvarların arkası... Her sınıfta ortalama kırk öğrenci var. Kimi sınıflarda öğrenci sayısı elliye yaklaşıyor. İstanbul'da bazı ilköğretim okullarındaki yetmişer kişilik sınıfları düşünürsek şanslı sayılırız.

Müdür yardımcılarımızdan İbrahim Karadağ üçüncü kattaki odasında bilgisayara öğrencilerin staj dosyaları ile ilgili bilgileri giriyor olabilir şu an... Eşi Emine Karadağ sınıflardan birinde mütebbessim yüzüyle muhasebe dersi işliyordur muhtemelen... Edebiyat öğretmeni Murat Turna bir başka sınıfta kendine has üslubuyla "Çocuklar size bugün Huzur'dan bahsedeceğim" dedikten sonra Ahmet Hamdi Tanpınar'ın Huzur Romanının tahlilini yapıyor olabilir. Ya da öğrencilerin ricasını kıramadığı için bir şiir de okuyor olabilir. Okulumuzun hizmetlilerinden İrfan Abi okulun zincirlenmiş çıkış kapısının önünde, sandalyesine oturuyordur ve dışarı çıkmak için ona dil döken birkaç haylaz öğrenciyle uğraşıyordur... Bir diğer müdür yardımcımız Erdal Yıldırım koridorları kolaçan edip ders saatinde sınıfta olması gerekirken dışarıda olan öğrencileri kıyıdan köşeden toplayıp sınıflarına götürüyor olabilir... Bu arada maliye derslerine giren öğretmenlerimizden Taşkın Abi biraz önce içeri girdi ve yanımdan geçerken omzuma hafifçe dokunarak, "Kardeş merhaba" dedi...

Nerede miyim? Öğretmenler odasında oturuyorum ve bu satırları kaleme alıyorum. Okulumuzun emektar hizmetlisi Adile Teyze boş çay bardaklarını topluyor.

Teneffüs zili çalmak üzere. Birazdan koridorlar kaosla dolacak. Yani hayatla... Yüzlerce ses birbirine karışacak.

Bir çay içmem lazım. Çünkü on dakikalık teneffüsten sonra 11/K sınıfında dersim var. Konu, varlık felsefesi...

Bir gün yolunuz bu taraflara düşerse bir çayımızı içmeye bekleriz.

İyi okumalar... İyi eğlenceler...

Hakan KaRaDaŞ
Bağcılar/ İstanbul

Sokrates'in "Bildiğim tek şey hiçbir şey bilmediğimdir" sözü ile ilgili düşüncelerinizi yazınız.

Sokrates'in bildiğim tek şey hiçbir şey bilmediğim demesi onun aslında eğitim görememiş bu yüzden de hiçbir şey öğrenememiş olması yüzündendir.

Nedim 11/H

Sokrates bu düşüncesinde felsefeye ait bir düşünce ortaya koymuştur. Bildiği tek şeyin hiç bir şey bilmediği düşüncesi olduğunu savunmuştur. Yani burada anlatmak istediği bildiği tek şeyin aslında hiçbir şey olmadığını göstermek istemiştir.

Ama sonuçta bildiği bir şey olduğunu söyleyip onu savunmuştur. Bildiği şey her ne kadar hiçbir şey olsa bile.

Belki de hayatın kuralı budur bir şeyleri savunmak ve onun arkasında durmak...

Ayla 11/H

Her insan çok şey bilebilir. Ama her yerde her şey söylenmez. İnsanın bildiklerini içinde tutması iradesine bağlıdır. İnsan iradesi içindekileri dışarıya vurmaya müsaittir.

Her insan söylediği sözden sorumludur.

İnsanların söylemediği bir söz ilerde karşılarına sorun olarak dönmez.

Kubilay 11/H

> Sokrates'in "Bildiğim tek şey hiçbir şey bilmediğimdir" sözü ile ilgili olarak düşüncelerinizi yazınız.

Sokratesin bu sözü aslında gerçektir. Sokrates kent kent dolaşarak insanların ben her şeyi biliyorum demelerini araştırır. Tanrı bu görevi ona vermiştir. Onların bilgilerini sınamaya onları eleştirmeye başlar, bu yüzden de ölüme mahkum edilir.

Sevilay 11/C

Yaşadığımız hayatta o kadar çok şeyler görmekteyiz ki insanlar çok şey biliyorlarmış gibi davranıyorlar. Ama oturup sohbet ettiğin zaman o kişinin hiçbir şey bilmediği ortaya çıkar sen bunu fark edersin ama karşındaki kişiyi kırmamak için bir şey söylemezsin.

Songül 11/B

BANA GÖRE ÇOK APTALCA BİR SÖZDÜR. APTALCA BİR SÖZDÜR. GEÇMİŞ DÖNEMLER CAHİLİYE DÖNEMİ OLDUĞU İÇİN APTAL İNSANLARIN SÖZLERİ ÇOK DİKKATE ALINMIŞ. DÜŞÜNÜYORUM HALEN BİR ŞEY ÇIKARTAMIYORUM BU SÖZDEN...

MÜRSEL 11/H

Sokrates'in bu sözü aslında çok büyük anlamlar taşımaktadır. Açıkça kendisinin hiçbir şey bilmediğini vurgulamıştır ve tek bildiğinin hiçbir şey bilmemesi olduğunu vurgulaması ise onun detaylara önem veren ve derin mevzularla uğraştığını, kendini iyi tanıyan bir insan olduğunu ortaya koymaktadır. Bildiği tek şey onun yeteneğini ortaya koyuyor.

Nurgül 11/F

Bu sözle Sokrates insanların içinde her şeyin yanıtının yattığını ama insanların bunun farkında olmadıklarını anlatmaya çalışmıştır.

Oya 11/F

Sokrates'i kendi haline bırakmak gerekir diye düşünüyorum.

Gülsün 11/G

Bildiğim ne varsa içimde kalsın dışarıya çıkmasın. Benim bildiğim bana yeter.

Bildiklerimi paylaşırsam bildiklerim toplumda huzursuzluğa neden olabilir.

Kürşat 11/G

Yaşamımız iki nokta arasındaki bir çizgi gibidir. Sadece bize anlatılanları bilir anlatılmayanları bilmeyiz.

Mustafa 11/G

Bir şey bildiğini veya bilmediğini
bilmiyorsan sen kendini bilmiyorsundur.
Bir şey bilmek veya bilmemek
elbette senin elindedir. Bir şey
bilmediğini bilmek veya bilmemek
çok acı bir durumdur. Boş bir
kuyu gibidir.

Fethi 11/A

İnsanlar her bildiklerini söylemiş
olsalardı bu dünya yaşanmaz bir
hal alırdı. İsabetli bir söz olmuş bu söz.

Doğan 11/B

Bu söze göre insanlar aslında
hiçbir şey bilmezler. Allah bizleri
yaratır ve bize bir beyin verir.
Biz hiçbir şey bilmeden
beynimizin bizi yönlendirmesi
üzerine her şeyi zamanla
öğreniriz. Her şey yaşadıkça
öğrenilir.

Özlem 11/D

Bazı insanlarımızın bilmediği
tek bir şey var; o da okumak
veya yazma bilmediğidir.
Çoğu insanlar okuma yazma
bilmediğinden bilinçli vatandaş
olamıyorlar. Bu insanların
suçu ve günahı ne?

Yusuf 11/B

Bizler bildiğimiz şeylerle yetiniriz. Oysa Sokrates bizden daha bilgili olduğu halde bildikleriyle yetinmiyor. Bilmediğim şeyleri ayağımın altına koysam başım göğe erer bu adam bunu dediği halde bizler bildiğimiz şeylerle yetiniyoruz. Boş boş oturuyoruz...

Turgut 11/G

Bu söz şifreli verilmiştir. Her şeyin altında bir gerçek vardır.

Meral 11/A

Sokrates bu sözünde kendini küçümseyip bu evreni yaratan varlığa sesleniyor. Her şeyin bir düzende gitmesinden dolayı bu her şeyin arkasında üstün bir zekânın hâkim olduğunu savunuyor. Kendi bildiklerinin hiçbir şey olduğu görüşünde.

Aynştayn beyninin yüksek bir bölümünü kullanmış ama yine de bu düzene akıl erdirememiş.

Kenan 11/D

Sokrates açıklıkla, utanmayarak hiçbir şey bilmediğini söylemiştir. Bilmemek ayıp değildir. Bazı şeyler hakkında bilgi edinmek de her şeyi bilmek değildir.

Kübra 11/J

Biliyorsan konuş öğrensinler Bilmiyorsan da adam zannetsinler... (Hocam tam olarak hatırlamıyorum ama Böyle Bir şeydi.) Kendine hiç Bir şey Bilmediğini söylemek Bile Büyük Bir cesaret örneğidir.

Pınar 11/K

Sokrates detaylara önem veren bir insan olduğunu, kendisini iyi tanıyan bir insan olduğunu herkese ispatlamıştır. ve herkes onun ismini duymuştur.

Recep 11/F

Bu adamın sözünü ancak bu adamın dediğini anlamayan bir kişi açıklayabilir. Ben de bu adamın ne dediğini bilemediğim için, bildiğim tek şey hiçbir şey bilmediğimdir diyorum.

Binali 11/F

Aslında neyin bilinip neyin bilinemeyeceğinin farkında olmak da bir çeşit bilgidir.

Cemile 11/G

Bilmediğimiz bir şeyi bildiğimizi sanmak utanç verici bir şey değil midir? Bazı kişiler vardır ki bir şey bilmediğini bildiği halde biliyormuş gibi davranırlar ya da öyle bir görünüm vermek isterler. Sokrates der ki; bir şey bilmiyorum bildiğimi de sanmıyorum. Bu şekilde düşünen bir kimse aslında bir şey bildiğini sanan kişilerden biraz daha bilgilidir.

Gülşah 11/G

Bilmek, farkında olmak aslında acı çekmektir. Çünkü insanın bilmediği bir şey onu incitmez.

Hakan 11/J

Önümüzde bir yol var sayalım. Ben bu yolda yürüyorum ama yol ilerledikçe ileride ne olduğunu belki çıkarabilirim. Oraya gittiğimde beni nelerin beklediğini bilemem. Bu sözden bunu anlıyorum.

Samet 11/D

Biliyorum ama bildiklerimin bir anlam ifade edip etmediğini bilmiyorum. Bildiğim şey doğru mu? Doğruysa ne kadar doğru? Bundan dolayı bildiğim tek şey hiçbir şey bilmediğimdir. Esasında hiçbir şey bilmediğinden kasıt aslında hiçbir şey bilmediği değildir.

Ahmet 11/A

Bildiğimizi sandığımız gerçekler aslında bizim hiçbir şey bilmediğimizi gösterir.

Pınar 11/A

Bildiğini sanıp aslında hiçbir şey bilmemesidir. Hayatta yapacağımız tek şey bir şey görmedim, duymadım ve bilmiyorum olmalıdır.

Orhan 11/A

İnsanlar her şeyi bildiklerini düşünürlerse aslında hiçbir şey bilmediklerinin farkına varamazlar. Bizler birer filiziz nasıl filiz su ile toprakla besleniyorsa biz de bilgiyle besleniriz.

Yasemin 11/B

Kendisi biliyor ama bilmediğini zannediyor. Birisi bir şey bilmiyor ama bilmediğinin de farkındadır. Fakat tek bir şey bilmediği hiçbir şey bilmediğidir.

Ebru 11/B

Sokrates'in "Bildiğim tek şey hiçbir şey bilmediğimdir" sözü ile ilgili olarak düşüncelerinizi yazınız.

Her zaman arayış içerisinde olduğu için bildiği şeyler ona yetmemektedir. Kendisini çok boş hisseder.

Feride 11/H

Hiçbir şeyi bilmemek her şeyi bilmekten iyidir.

Figen 11/C

Bir şeyleri biliyoruz ama bir dönüp bakıyoruz yıllar sonra bilmiyormuşuz.

Nihal 11/H

Sokrates bu sözü aslında bizlere değil bütün evrene söylemiştir. Çünkü bildiğim tek şey hiçbir şey bilmediğimdir sözü insanların tümüne söylenmiştir. Herkesin bildiği bir şeyler vardır. Ama onu bilmek önemli değildir. Onu içinde saklamak önemlidir.

Gökhan 11/H

Sokrates'e göre bu kelime bir bilgiyi ömür boyu kendinle birlikte taşımak, ölene kadar. O zamanki insanlara güvensizliği nedeniyle bildiği şeyleri aktarmak yerine susmak daha cazip gelmiştir.

Sezer 11/B

Sokrates büyük bir samimiyetle bildiklerinin arkasında olduğunu ama kendini hiçbir zaman yüce bir insan olarak görmediğini belirtmek istemiştir.

Gamze 11/B

Sokrates aslında bir şeyler biliyor ama bilgisine daha çok bilgi katmak için ondan daha bilgili veya onun bilmediği bilgileri bilen kişilerden bilgi kazanmak için bu sözü ortaya koymuştur.

Taner 11/E

"Sonsuzluk" kavramı ile ilgili bir yorum yazınız.

Evren sonsuzdur. Ama evrende yaşayan canlılar da sonsuzdur. Birileri kaybolur birileri tekrar var olur v.s.

Rıza 11/K

Bence bitişi olmayan bir dengedir. Yaratıcının büyüklüğüne ve kudretine erişilemez olduğunu göstermektedir. Eğer sonsuzluğu ayrıntılı bir şekilde araştıracak olursak bence birçok kişi aklını kaybeder.

Harun 11/K

Başı olan sonu olmayandır.

İlknur11/K

Başı ortası sonu olmayan, içinde kimlerin yaşadığı bilinmeyen, neresinde olduğumuzu bilmediğimiz bir yer olarak düşünebilirim.

Adı üzerinde sonsuzluk işte.

Nereden gelir? Nereye gider? Niçin vardır? gibi sorulara yanıt aranması gerekir. Bu soruları cevaplamak için uzun yol kat etmek gerekir.

Taner 11/K

Sonsuzluk kavramı sonsuza kadar dayanan bir şeydir. Örneğin sayılar. Sayılar sonsuza kadar gider kimse şu kadar sayı vardır diyemez.

Derman 11/K

> "Sonsuzluk" kavramı ile ilgili bir yorum yazınız.

Sonsuzluk aslında var olmayan bir kavramdır. Sonsuzluk diye bir şey yoktur. Ama sonsuzluk diye bir şey yoksa niye sonsuzluk diye bir kelime var onu bilmiyorum.

Ayla 11/H

Sonsuzluk olmasaydı hiç kimse ölmezdi

Serap 11/K

BANA GÖRE EVREN VE EVRENDEN SONRA GELEN DAHA HENÜZ KEŞİF EDİLMEMİŞ BİR YERLERDİR BELKİ DE SONSUZ OLDUĞU İÇİN KEŞİF EDEMİYORUZ KİM BİLİR BELKİ DE BİR YERLERDE SONSUZLUĞUN SONU BULUNUR SONU OLAN SONSUZLUK HİÇ MANTIKLI DEĞİL ZATEN SONSUZLUK BANA GÖRE KARANLIK BİR YERDE

SELAHATTİN 11/k

Yok olmamak demektir.
Bir şeyin hep var olmasıdır.
Sonsuzluk zamanın durmasıdır.
Örneğin zaman dursa ve insanlar yaşamaya devam etse bu sonsuzluk olur. Ancak hiçbir şey sonsuz değildir. Her şeyin bir sonu vardır. Evrene sonsuz diyorlar ama bence değil. Evren yaratıldığından bu yana genişliyormuş. Adeta şişirilen bir topa benziyor. Fakat top çok şişti mi patlar.

Ömer 11/K

Sonsuz olunamaz. Mesela
bir örnek verirsek
sevenler birbirlerine sonsuza kadar
seninleyim derler ama bu cümle yanlış...
Hiç kimse sonsuza kadar kalamaz.
Mesela bir örnek verecek olursak
bir kişi yalancılık, hırsızlık,
uyuşturucu v.b. şeylerle ilgilenirse
bu sonsuza kadar sürmez.
Aslında sürenler de vardır. Yani
pis bir şeyi sonsuza kadar da yaparlar.
Ölene kadar yani... Sonsuza kadar olmadan da
bitirenler olur bu işi...
Akıllanmış olurlar...
Ebru 11/K

İnsanların öldükleri zaman girdikleri yere
sonsuzluk denir. O girişin bir çıkışı var mı
onu bilmiyorum.
Yılmaz 11/D

BUNU BEN YORUMLARSAM VERİMLİ
BİR CEVAP ALAMAZSINIZ.
NEDEN ÇÜNKÜ BEN HİÇ BİR CANLININ
YA DA MADDENİN SONSUZ OLDUĞUNA
İNANMIYORUM. TABİ SÖZÜM MECLİSTEN
DIŞARI. BENCE YARATILIŞ BAŞLANGIÇ
VE BİTİŞTİR. SONSUZ OLMAKLA YÜKÜMLÜ
DEĞİLİZ. BİLİYORUM KONUNUN ÇOK DIŞINA
ÇIKTIM BELKİ AMA BAŞTA DA SÖYLEDİM
DAHA GÜÇLÜ BİR YORUM YAPMAK İÇİN
FAZLA BİR BİLGİM YOK.

SAKİNE 11/A

Sonsuzluk diye bir şey yok gibi.

Çünkü her şey günün birinde tükenir.

Burcu 11/C

Mesela bir noktaya baktığımızda onun sonsuz olduğunu düşünürüz.

Elif 11/C

İnsan ve sonsuzluk aynı şeydir.

Tülay 11/F

Sonsuzluk insanın düşündüğü boşluktur.

Esin 11/F

Sonsuzluk diye bir kavramın yok veya var oluşunu bilemeyiz çünkü onun cevabını bir tek kişi verir o da Allah. Onu tek O belirler olup olmayacağına O karar verir.

Binali 11/F

Sonsuzluk kavramının var olması gibi bir şey düşünemiyorum. Çünkü sonsuzluk olduğu zaman evrenin dengesi bozulur. İnsanoğlunun nesli arttığı zaman insanlara ne içecek ne de ilaç yeterli olmaz. Bunlar gibi birçok örnek de verilebilir...

Haşim 11/F

Örneğin bir insanın sonsuza kadar yaşama garantisi olsa o insan asla ahlaklı bir yaşam sürmez. Çünkü o sonsuz olduğu için cezalandırılmayacağını bilir.

Bu yüzden ahlaklı bir yaşamı seçemez.

Fakat sonsuza kadar yaşayamayan insan sonunda cezalandırılacağını bildiği için ahlaklı yaşamı seçer.

Selim 11/F

Sonsuzluk ispatlanamaz.

Zeynep 11/F

Ebedi kavramı sonsuzluk kavramını içinde barındırmaktadır Sonsuzluk kavramına örnek olarak matematiksel rakamları (1, 2, 3...) verebiliriz. Ebediyet kavramına örnek olarak da dinsel kavramları verebiliriz.

Mehmet 11/A

Allah her insana sonsuzluğun sonunda mutlu olmayı nasip etsin.

Tuğba 11/E

Sonu olmayan sonsuz bir evrende yaşıyoruz. Biz sonsuzluk içindeki elementleriz.

Raşit 11/H

Dünyanın sonu vardır ama bu sadece dünyanın sonudur. Sonsuzluk devam eder.

Cemil 11/D

Sonsuzluk içinde bulunduğumuz dünyanın bir yerde olduğunu bunun nerede olduğunun belli olmadığı ve sonsuzluk olduğu dünyanın da sonsuzluğun içinde olduğu düşünülür.

Yani sonsuzluk sonu başı belli olmayan şeylerdir.

Şirin 11/D

Ne olduğunu bilmediğimiz sonuna ulaşamayacağımız şeyler hakkındaki kavramdır. Bir sayıyı istediğimiz kadar uzatabiliriz bunun sonu yoktur.

Örneğin 10000000000000000000... bu sayıyı ne okuyabiliriz ne de sonunu bulabiliriz. Evrendeki yerimizi bilmemiz mümkün değildir. Çünkü bunun için evrenin sonunu bilmemiz gerekir. Bunu bilmediğimiz için biz evrende kayıp sayılırız...

Ali 11/D

Ne olduğunu bilmediğimiz sonuna da ulaşamayacağımızdır.

Hakan 11/D

Benim yorumuma göre sonsuzluk kavramı; insanlar azaldığı gibi çoğalabiliyor. Örneğin bir gün içinde dünyada 5 bin kişi ölüyorsa 8 bin kişi doğuyor. Bu yorumu kendim söylemiyorum. Bu bir televizyon kanalında Amerikan bilim adamı tarafından söylenmiş bir sözdür. Benim duyumlarıma göre dünyada yaşam şartları git gide ilerlemektedir. Bu da sonsuzluğa sebep olur.

Emre 11/D

Sonsuzluk denilince akla ilk önce ileri yani bitmeyen zaman gelir. Bazı insanlar sonsuza kadar yaşayacaklarını ön görürler. Yani ben ölümsüzüm diyen insanlar var. Ama bunun olamayacak olduğunu kendisi de bilir. Bu dünyada sonsuzluk kıyamet kopunca bitecek.

Samet 11/D

Sonsuzluk bir insanın uzay boşluğunu kabul etmesidir.

Emre 11/D

İnsan bazen düşüncelerin ortasında kalır ve bir anda sonsuzluğa ve boşluğa düşer.

Murat 11/D

Bazı şeyler tükense bile sonsuzlukta eksilme olmaz.

Orhan 11/D

Kıyamet bir sonsuzluğa gitmektir. Kimsenin bilmediği bir sonsuzluğa. Kimsenin yorum yapamadığı. Bilgi veremediği.

Serdar 11/C

Sonsuzluk otobüs gibidir. Bizler bir durağa gelince ineriz. Biz inerken başkaları biner. Biz durakta öylece kalırız. Nereye indiğimizi de bilmeyiz.

Murat 11/C

İnsan hayatı sonsuzluk kavramına örnek gösterilemez.

Mehmet 11/A

Sonsuzluk insanın aklının dışında bir şeydir.

Esma 11/A

İnsanın beynini zorlayan bir kavramdır. Sonsuza ulaşılır mı? Ulaşılırsa orada neler olur. Bunu ben düşündüysem bilim adamları neler düşünmez. Sonsuzluğun daha ilerisinde hayat var mı? Canlı var mı? Bunu kimse bilemez.

Faruk 11/E

Kıyamet sonsuzluk kavramını insanın zihninden silecektir.

Ersin 11/G

Aklıma sığdıramadığım her şeyi
içine sığdıran muhteşem bir kavramdır.
Daha ne yazayım hocam ya...
Ebru 11/B

Sonsuzluk kavramını 9-10 yaşından
beri hep düşünürüm. O zamanlar ölünce
sonsuzluk başlayacak sonra kıyamet kopacak
yeni bir hayat başlayacak insanlar için.
Kimisi güzel bir hayat yaşamaya başlayacak
kimisi işkencelerle dolu bir hayata
başlayacak diye düşünürdüm.
Bir gün ütü elimi yaktı ve o zaman
başladım bunları düşünmeye.
Artık düşünmüyorum
çünkü sonsuzluğu bir
insanın aklı algılayamaz.
Sinem 11/C

Genelde insanların karşısına
çıkan bir kavramdır.
Yasemin 11/C

Gözlerimizi kapadığımızda
kapılar sonsuzluğa açılır.
Fehime 11/B

Sonsuzluk aslında insanın soru sorma gücünden, insanın yorum yapabilme yeteneğinden ortaya çıkar.

Sefa 11/B

Gözlerimizi kapadığımızda kapılar sonsuzluğa açılır.

Fehime 11/B

Nasıl sonsuz? Biz sonsuzluğa gidince niçin bitmiyor? Biz ona gidiyoruz o bize geliyor fakat sonu gelmiyor.

Murat 11/B

Sonsuzluk sonsuzluğun ne olduğunu bilmemektir aslında. Bilimsel bir kaynağı ve açıklaması yoktur sonsuzluğun. Var olan bir şeyin aslında yokluğudur...

Mevlüt 11/B

Sonsuzluk var olan veya var olmayan bir noktadır.

Musa 11/B

Sonsuzluk diye bir şey olsaydı dünya olmazdı. Yani buradan çıkaracağımız sonuç her şeyin bir sonu vardır.

Mehmet 11/B

Sonsuzluk demek hayatımızın ve kâinatın içindekilerin bitmemesi demektir.

Semih 11/E

Sonsuzluk kavramı bilim adamları tarafından bulunmamış bir olgudur. Sonsuzluk felsefeyle açıklanamamıştır. Sadece bunu Allah bilebilir.

Turgut 11/E

Filozofların sürekli tartıştığı bir konudur. Aralarında anlaşamamışlardır.

Onur 11/E

Sonsuzluk iman boşluğuna düşen bir insan gibidir.

Abdülkerim 11/E

Sonsuzluk sadece yüce Allah'a aittir. Evreni yaratan ve şekil veren O'dur. Evreni gerektiğinde yok edecek olan da O'dur.

Gülten 11/E

Bana göre sonsuzluk her insanın istese de istemese de mecburen kabul etmek zorunda olduğu bir gerçektir.

Mehmet 11/E

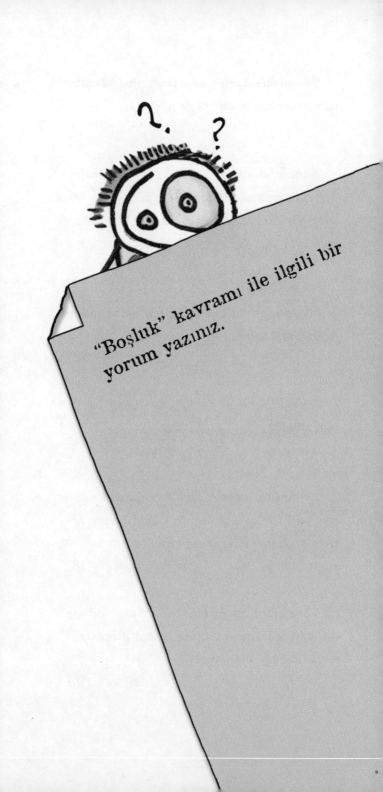

"Boşluk" kavramı ile ilgili bir yorum yazınız.

Boşluk kimi zaman ölümle burun buruna gelmek ya da bir insanın vicdanı ile hesaplaşmasıdır.

Meral 11/K

Boşluk dünyanın uzay içinde yer alışına örnektir.

Boşluğun bir kara delik gibi sonsuz bir boyutta olduğu ve her cismin o boşluk içinde yol aldığı belirtilir.

Yaşar 11/K

Mesela havada uçaklar da bir an boşluğa girer ve içindeki insanlar korkarlar, ürkerler. İşte insanlar da uçaklar gibi boşluğa düşer boşluktan kurtulduktan sonra refaha ererler.

Ama en önemlisi insanlar bir gün kara delik gibi bir boşluğa düşecek.

Ümmühan 11/ K

Boşluk aslında sonsuzlukla biraz benzerdir. Boşluğun bir sonu olabilir. Ama sonsuzluk işte bunun bir cevabı yoktur.

Tülay 11/K

Boşluk kavramı evrenin sonsuz bir boşlukta olduğunu ve o boşlukta durduğunu dünya üzerinde milyarlarca canlının nefes alıp verdiğini ve bunları yapan birisi olan Allah dünyayı bir boşlukta tutar. İnsanlar bu dünyaya boş olarak gelmezler ve hayvanlar da öyle. Örneğin timsah doğduğunda hemen yürür v.b.

Mahmut 11/K

İnsandaki hislerin yok oluşudur.

Tuğba 11/J

Boşluk bu hayatla öteki hayat arasındaki ince bir çizgidir.

O çizginin üzerinde yürürüz bizler.

Simge 11/J

İnsanın hayattan kopması var olduğunu unutması ve felsefeye dair bilinçaltında çözemediği sorular arasında kaybolmasıdır.

Zeynur 11/F

Evren bir boşluğa düşmüştür.

Recep 11/F

Sonsuzluğun simgesidir...

Emrah 11/J

Evren yokken bir boşluk vardı.

Bing Bang olayı ise zamanın ve her şeyin başlangıcı oldu.

Tekin 11/H

İnsanların günlük yapılan sıkıcı işlerden dolayı bir an ne yaptığını sorguladığı ve o boşluğun içinde kaybolduğu yerdir.

Erdem 11/H

Boşluk kavramını şöyle açıklıyorum. Bir duvarı tuğla ile ördüğümüzde ortasında kalan delik boşluktur...

Boşluk sadece maddi değil manevi de olabilir. Örneğin annenin sevgisini alıp babanın sevgisini alamamak da boşluktur.

Fatih 11/H

Bana göre boşluk yüksekten düşmek gibi. Düştüğünde yardım beklersin fakat üstüne üstlük bir de batağa saplanırsın.

Feride 11/H

Evrende varlığı içinde bulunduramayan herhangi bir yerinde durulacak, tutulacak bir yeri olmayan, boş bir mekân olarak adlandırılabilir.

Lokman 11/H

Boşluk bir 'hiçtir'...

Burcu 11/H

Boşluk kavramını bilginin ulaşamadığı merkez olarak açıklayabilirim.

Cansel 11/H

> "Boşluk" kavramı ile ilgili bir yorum yazınız.

Bilim adamlarının çalışmalarıyla bazı gerçekler ortaya çıkmıştır. Bilim adamları evrendeki boşluğu doldurmaya çalışmaktadırlar.

Sinem 11/C

BOŞLUK ÇOK KÖTÜ BİR OLAYDIR.

Akın 11/K

Şahıstan şahısa değişen bir kavramdır. Etrafında inanacak bir kavram olmadığında ortaya çıkar. Ve etrafında kaç kişi olursa olsun o şahıs kendini boşlukta hisseder.

Özkan 11/J

Aslında BOŞLUK kavramı düşündüğümde çok manaya geliyor.
   Örneğin dipsiz bir BOŞLUK veya uzay.
Dünya BOŞLUĞA neden düşmüyor
ister istemez insanın aklına takılıyor.
   İnsan uzaya çıkınca düşüyor
   kocaman dünya olduğu yerde duruyor
üstelik de dönüyor.
Her insanda BİRAZ BOŞLUK vardır.

Burak 11/F

Eğer yaşamda bir boşluk olduğunu hissediyorsanız onu toprakla kapatmaya çalışın.

Yağmur 11/F

"Boşluk" kavramı ile ilgili bir yorum yazınız.

Boşluk kelimesini duyan bir insanın aklına hemen bir şişenin bir kutunun v.b. maddelerin içindeki boşluk gelir.
Burhan 11/H

Boşluk. İki anlamı vardır. İlk olarak insanda var olan ve beynin içinde yer alan boşluktur. İkinci olarak yaşadığımız dünya, evren bir çöl ise bu çölde bir kum tanesidir. Dünyada nerede yaşadığımızı biliyoruz ama evrende nerede olduğumuzu bilmiyoruz. Çünkü evrenin haritası elimizde yok.
Kenan 11/D

Boşluk bazen insanların düştüğü bir yerdir. Boşlukları doldurmak için bazen çok anlayışlı ve sakin olmak gerekir.
Derya 11/H

Hayatın içinde o kadar çok boş yer var ki hangi birini dolduracaksın.

Halil 11/H

Boşluk his olarak tuhaf bir duygu olmakla beraber insanı delirtebilir.
Sema 11/D

Tanımı yapılamaz. Şekli şemalı yok. İçinden çıkılmaz durum da diyebiliriz.

Garip 11/H

Boşluk bütün evreni içine alan bir kavramdır. Bizler hepimiz boşluğun bir parçasıyız.

Melek 11/D

Boşluk kavramı bom boş bir şeyi ifade etmektedir. Yani insanda oluşan boşlukları ifade ediyor. Dünyamızda da boş boş insanlar vardır.

Murat 11/D

İnsanın zihninde oluşan çöküntülerdir. İnsan boşluk anında yanlış bilgi edinir.

İbrahim 11/D

Boşluk kavramı aslında biraz mecazi anlamdadır. Başka bir deyişle boşluk bir taş parçasının toprakta yıllarca kaldıktan sonra kaldırıldığı andaki oluşan yerdir.

İnsanı hep yanında zannettikleri bir anda bırakıp gittiği zaman kalbinde bir boşluk oluşur.

Biraz toprakla bağlantısı var galiba. O boşluğun yerine ne getirirsen getir asla dolmaz.

Toprağa dönecek olursak içindeki boşluğa kum döksen yağmur götürür başka bir taş bıraksan onu kabul etmez.

Toprak insan kadar duygusaldır.

Yunus 11/D

İnsanlar bazen çaresiz dönemlerinde tutunacak bir dal ve düşüncelerinin işe yaramadığı anlarda yaşanan uzayda bulunma hissi veren olguya boşluk denir.

Birsen 11/A

Yerçekimi olan evrende havada asılı kalmak gibi bir şeydir.

İnsanlar yerçekiminin olduğu bir dünyada bile zaman zaman boşlukta kalabilirler.

Feray 11/A

Canlıların ve bitkilerin v.b. şeylerin yaşamının olmadığı ve doğası tabiatı bulunmayan yani ne güneş, ne hava, ne su, ne insan böyle şeyler bulunmayan yere boşluk denir.

Erdoğan 11/A

Bir öğretmen bir yıl boyunca öğrencilerine dersi anlatır. Öğrenci dinlemez.

Sonra sözlü olunduğunda öğrencinin kafasında kocaman bir boşluk vardır.

Şadıman 11/A

Boşluk bir yerin veya bir tarafın boş olduğunu ve o yere bir kişinin veya bir şeyin geleceğini ve o geldiğinde o boşluğun dolacağını anlatmak istiyor.

Ferdi 11/E

İnsanlar kendilerini ve evreni hiçbir şeye benzetemedikleri zaman boşluğa düşerler.

Sevilay 11/B

Boşluk normalde uzayda bulunan çukurluklar olarak adlandırılır. Ama bu boşluk sadece uzayda değil hayatta da karşımıza çıkar.

Eren 11/B

İnsanların cevabını bulamadıkları soruları attıkları yerdir.
İsmail 11/B

yaratıcı
sonsuzluk kavramını
dünyaya vermemiştir.
çünkü bu kavram olsaydı değişik
ve karmaşık durumlar
ortaya çıkabilirdi.

taner 11/k

Felsefe dersine yorulan kafayla düşündüğümüzde elbette bir boşlukta gibiyiz. Ama hareket etmiyoruz. Düşmüyoruz.

Hüseyin 11/B

İNSANIN RUHUNU KAYBETMESİDİR...
BELGİN 11/C

Boşluk (.) budur.
Baykal 11/B

Boşluk insanın kendini yalnız hissetmesiyle ortaya çıkar. Kendi kendine sorular sorar cevap alamaz. Aslında cevap çok yakındadır ama bulamaz ya da bulmak istemez. Örneğin bir apartmanda merdiven çıkarken ışık söndüğü zaman ışığa basamaz. Işığın nerede olduğunu bilir ama bunu bulamaz. Bir başka örnekte karşınızda dört tane kapı var ama siz hangisini açmalısınız bilemezsiniz.

Emine 11/A

Bilirsiniz ki evren bir noktadan oluşmuş ve git gide de genişlemektedir. Sonunda da bilim adamlarının söylediğine göre bir balon gibi genişleyip patlayacaktır. O zaman işte asıl boşluk doğacaktır.

Selçuk 11/G

Bir cismin içinin boş olması veya içinde hiçbir şey olmamasıdır. Örneğin uzay boşluğu... Aslında boşluk hiçliktir.

Çünkü içi boş olanı açıklamak zordur.

Vahit 11/G

Boşluk kelimesi insana neyi anlatır ilk önce onu bulmak gerekir. Boşluk kimi zaman insanların sinirli zamanlarında ortaya çıkar.

Her insan zaman zaman boşluğa düşer.

Boşluk yaşamımızın bir parçasıdır.

Damla 11/E

Her insan aslında derin bir boşluk içindedir. Kendi zihninde bulunan sorulara cevap veremez. Mesele dünyanın kendisi, evren, insanın var olması, arının balı nasıl yaptığı gibi. Bunlar cevabı bulunamayan sorulardır. Boşluk da bundan kaynaklanır.

Muhammed 11/B

İnsanlar sinirli oldukları zaman boşluğa düşebilirler. Bu yüzden dikkat etmelidirler.

Sermin 11/E

Mesela bir uçurumdayız ve o anda birden uçurumdan düştüğümüzde havadayken kendimizi kurtaramayız. Sadece bir çıkış yolu var o da o uçurumun sonundaki yere düşmemizdir.

Dilek 11/E

Yeryüzünde var olmayan cisimlerin yerleridir.

Uzay bir boşluktur. Örneğin bir masanın olduğu yer doludur ama o masa oradan kaldırıldığında orada bir boşluk oluşur.

Buna boşluk denir...

Ertuğrul 11/E

Boşluğun arkasında bir gerçek gizlidir. Boşluk kavramına asıl anlamı o gerçek verir.

Murat 11/C

Etrafımıza baktığımızda görmek istediğimiz şeyleri görememeizdir. Boşluk budur.

Hakan 11/C

Boş olmak ayrı, bir ortamda boşluk yaratmak apayrıdır. Boşluğu doldurmak bizim elimizdedir.

Songül 11/B

Bazı filozoflara göre, insan dünya sahnesinde yalnızca bir oyuncudur. Oynayacağı rolü kendisi seçemez, oyuna müdahale edemez. Her insanın bu sahnede ne yapacağı evrensel bir akıl tarafından belirlenir. Kişinin kontrol edebileceği tek şey vardır, kendi tavırları ve tutkuları. İnsan kendisine ne rol verilmişse onunla yetinmeli, sahip olamayacağı şeyler için açlık ve kıskançlık duymamalıdır.

Paragraftaki ana fikri de göz önünde bulundurarak "özgürlük" kavramını yorumlayınız.

Burada insanların rolü sahnede başlar ve sahnede biter. Oyuncular sahnede kendileri gibi değil ona verilen roldeki karaktere bürünür. Sahnede oynadığı karakterin ortaya çıkmasıyla birlikte kendini karakterini mühürlüyor ve sahne karakteri ortaya çıkıyor. Ama insan sahneden indiği zaman sahne karakteri perde ile kapanmış oluyor. İçinde mühürlediği karakteri ortaya çıkıyor o zaman sanki içinde bir kuşun kanat çırptığını hisseder ve özgürlüğü o zaman kazanır.

Ümmühan 11/K

Özgürlük her şey olabilir. Bazen evden kaçmak bazen nereye gittiğini bilmeden yaşamak. Özgürlüğü yukarıda yazıldığı gibi de tanımlayabiliriz.

Mithat 11/K

Filozoflara göre insan kendi kaderi üzerinde yürümektedir. Bir nevi alınyazısı... Bir piyeste verilen rollerle yetinmektedir. O roller dışına çıkamaz. Başka bir kişiliğe sahip olmak istersen bile bu insanların gözünden kaçmaz. Kişinin kontrol edebileceği tek şey vardır açlık ve kıskançlıktır.

Gülfer 11/F

Özgürlük bir anlamda iyi bir şey değildir.
Özgür olunca herkesin başına
kesinlikle bir şey gelir...

Mesut 11/J

Günümüzde
özgürüm diye geçinen insanlar
kulaklarını deldirterek veya
herhangi bir yerlerini deldirterek
özgür olduklarını kanıtlamak istemektedirler.
Ahmet 11/C

Bazı insanlar ben özgürüm diyerek
alıp başlarını giderler. Aslında bilmedikleri
bir şey vardır; maneviyatın mecburiyeti.
Sevgi 11/A

Fani dünyada yaptıklarımıza
dikkat etmeliyiz
öbür dünyada yaptıklarımız
bize karşı koz olarak
kullanılacaktır.
Ferdi 11/E

> "Özgürlük" kavramını yorumlayınız.

Özgürlük, her insan özgür olmak ister.
Özgür olmayan bir insan
kendini bir şeye benzetemez,
benzetse de o insandan bir şey olmaz.

Yusuf 11/B

Örneğin bir öğrenci
30 kişilik bir sınıfta okumak ister
ama okuyamaz. Zorunlu olarak gittiği
okulda 60 kişilik sınıfta okur.
Üç kişilik sırada okumak istemez ama
okumak zorundadır.

Figen 11/B

Özgür olmak istenilen her şeyi yapmak
ya da dağ tepe delmek midir?
Nedense özgür olmak denildiğinde aklımıza
saçma sapan şeyler geliyor. Ama aslında
hiçbir şey göründüğü gibi değil. Bence önemli olan
kalbin özgürlüğüdür.

Gülşah 11/G

Özgürlük serbest kalmak anlamına gelmez.
Öbür taraf için günahsız olmak demektir.

Doğan 11/G

> "Özgürlük" kavramını yorumlayınız.

Özgürlük denilince sadece
gözümüzle gördüğümüz bir kelimedir
ama bunu açıklamak çok kolay değildir.
Çiğdem 11/G

İnsan rolünü benimsemeli oynamalı neden
Ben Başrol oynamıyorum diye tavır koymamalı
ve ona verilen haklarla idare etmelidir.
Emrah 11/F

Özgürlük denen kavram
net olarak açıklanamaya da biliyor.
İnsanlar bu dünyada oyuncudurlar.
Doğarlar oynarlar ve ölürler.
Ben doğmayacağım ya da
ölmeyeceğim diye bir şey belirlemek
imkânsız. İstesen de yapamazsın.
Geldin ve gidiyorsun gibidir.
Gamze 11/F

Sana ne verilmişse o rolü oynayacaksın.
Özgürlük bunu aşar. İstedikçe daha fazlasını istersin
elindekilerle yetinmeyi bilmezsen onları da kaybedersin.
O yüzden özgürlük bazen sakat durumlara yol açabilir.
Hülya 11/F

Mesela hayvan bozması
insanlar vardır. Her yönde kötü
davranırlar. Bazen bu insanlar
sınıfta, derste de görülür.
Emre 11/K

Özgürlük insanın emir altına girmemesi kendi kafasına göre davranmasıdır. Ama dünya öyle bir yer ki ister istemez emir altına giriyoruz. Mesela ben şu an yazılıdayım ve kâğıdı doldurmam gerekiyor. Bize verilen rol ne ise onun dışına çıkamıyoruz.

Canan 11/F

İnsanın hür yaşaması için kendisini organize etmesi gerekir...

Soner 11/G

Örneğin tiyatrocuların verilen rolü en iyi şekilde değerlendirmeleri gerekir. Çünkü onca insan onları izlemeye geliyor. Bunların bu yüzden rolü iyi değerlendirmeleri gerekir. Verilen rolü iyi değerlendirmezlerse toplum tarafından bir daha izlenmez.

Turgut 11/G

Daha önceki derslerimizde gördüğümüz bir konu vardı. Yüzüklerin Efendisi filminden bahsetmiştiniz ve sormuştunuz, "Eğer insan gücü sınırsız bir güç yüzüğüne sahip olsaydı acaba ahlaklı yaşamı seçer mi idi?" Burada da işte özgürlük kavramı devreye girer. Bence seçmezdi.

Selçuk 11/G

İnsanlar evrensel bir aklın izin verdiği kadar özgürdür. Çünkü bizler evrensel bir aklın bizi ve kâinatı yarattığını düşünürüz ve onun yarattığı şekilde yaşadığımıza inanırız.

Sadece duygularımız konusunda özgürüzdür.

Şirin 11/D

Bir hayvanın yaşam tarzı çok farklıdır. O yeşillik ormanlık yerlerde yaşar, ömrü insanlardan daha azdır. İnsanların bazıları dünyada özgür olabilir. Ama o insanlar ana babalarını dinlemezler. Özgür olmak demek her şeyi yapmak demek değildir.

Yeter 11/D

Özgürlük aklın tutsağıdır.

Fethi 11/A

Aslında dünya sahnesinde bir oyun oynuyoruz ama alnımıza ne yazıldı ise bilmeyerek o oyunu oynuyoruz.

Arzu 11/A

Kişi kendi dünyasında özgürdür. Kendi sınırları içersinde eldekilerle ve kendince doğru kabul ettiği bir yaşam tarzı ve dilediği gibi hayatını sürdürür. Hayatı seçmek gibi bir torpili ya da mükemmeli yaşamak gibi bir özelliği yoktur. Ona bir ömür biçilmiştir sadece süresini doldurur. Yaşam tarzını kişi kendi belirler iyi yaşarsa iyi, kötü yaşarsa kötü. Bunlar klasik felsefik açıklamalardır. Bence kimse özgür değildir. Kimse istediğini dilediğini yapamaz. Yapmamalıdır da. İnandığım ilahi adalet laçkalaşmış özgürlüklere çok güzel sonlar hazırlar. Doğru olan bu...

Sakine 11/A

İnsanoğlu anasının karnında iken aldığı nefeslerle saldırıya uğrar. Dünyaya geldiğinde de bu böyle devam eder. Sonra kendisini savunacak yer arar. İlk sığınak ana kucağıdır. İnsan belli bir yaştan sonra özgürlük ister ama bu bazen gerçekleşmez. İnsan özgürüm diyerek kalkıp suç işleyemez.

Halil 11/B

Bizi bir sahneye koydular yönetmen ne derse onu yapacağız. Buradaki yönetmen de ailemiz ve çevremizdir.

Fehime 11/B

Kaderini değiştiremezsin ama kaderinle oynayabilirsin.

Sinem 11/C

Gerçek yaşam ölümün arkasında saklıdır. O yüzden Tanrı bizi bu yaşamda özgür bırakmıştır. Bizi ölçmek ve sınıflandırmak için. Evren tek bir güç tarafından kontrol edilmektedir ve biz o evrenin üzerindeki varlıklarız.

Emrah 11/D

Her insan kuş olup uçmak ister ama uçacağı yeri iyi belirlemelidir. Kanadını bir yere çarpmamalıdır. İnsanlar kendileri için yaşarlar ama onlar için de yaşayan birileri muhakkak vardır.

Yeliz 11/B

SAHNENİN HAKKINI VERMEK LAZIM. AMA SAHNEDEKİ DİĞER OYUNCULARA DA HAKSIZLIK ETMEMELİYİZ.

YUSUF 11/A

İnsan gücünün yettiği kadar özgürdür.

Feray 11/A

Bir kuşu kafese koyduğumuzda o kuşun özgürlüğünü elinden almış oluruz. Ama bunu yapmaya hakkımız yok. O kuşun yerine kendimizi düşündüğümüzde hiç hoş bir şey olmadığını biliriz. Tabii ki insanlar zevkleri için kuşu beslerler ama kuş konuşamadığı için ne istediğini dile getiremediği için ölünceye kadar orada kalır.

Songül 11/B

İnsanın özgürüm diyebilmesi için içinde bulunduğu bütün toplumun özgür olmaması gerekir.

Musa 11/E

Tüm insanların kaderleri farklıdır. Bu kaderleri değiştiremezler. Çünkü kaderi değiştirmek insanın elinde değildir. Ancak insan Allah'ın bir kaderinden başka bir kaderine atlayabilir...

Ferit 11/C

"Felsefe insanların hayret etme duygusundan doğmuştur" sözü ile ilgili bir yorum metni ka- leme alınız.

Felsefe bir kitap aracılığıyla da öğrenilebilir. Ama felsefe yapmak ayrı bir konudur. Çünkü felsefe yapmak düşünceyle alakalı olduğu için önce düşünmeyi öğrenmek gerekir.

Sevgi 11/K

Felsefe imkânsızın nasıl oluştuğunu, hangi yolları izlediğini bulmaya çalışır. İnsanın doğasında bulunmayan doğaüstü yetenek ve kavramlarla ilgilenir.

Ömer 11/E

Bir insan olarak denize, meyveye, ağaçlara bakarız ve bunları nasıl oluştuğunu düşünür ve hayret ederiz.

Şadıman 11/A

Felsefe öğrenmek zor değildir. Felsefe de öğrenilecek çok şey olmasına rağmen çabucak öğrenmek kolaydır. Felsefe meraka dayalı bir şeydir.

Arzu 11/A

Felsefe bakmayla ya da mantıksızla öğrenilmez. Eğer felsefe mantık yoluyla yapılıyorsa o zaman yapmak ve hedefi vurmak önemlidir.

Yağmur 11/F

İnsan ya da bir kişi karşı taraftaki kayaları izliyor ve izlerken de aa ne kadar güzel duruyorlar değil mi? Bunları buraya kim koydu? Kaç yılda oluştular? gibi meraklı sorular sorar. Bu merakları onları araştırmaya öğrenmeye iter. Hocam siz beni anlıyorsunuz.

Sakine 11/A

Felsefe insanların bir olayla karşılaştıkları zaman verdikleri iyi veya kötü tepkiden doğmuştur. Yani insanlar cevabını bulamadıkları soruların cevapları için yapılan bir tepki.

Murat 11/A

Beynimizden geçirdiğimiz işler bizi hayrete düşürür.

Sadık 11/B

Felsefe evreni, insanı ele alır. Bunlara hayret eder. Sonsuzluk denilen kavram, evrende yer alan soyut somut her şey. Benim en çok hayret ettiğim konu sonsuzluk konusudur. Çok düşündüğüm zaman aklımı kaybedecek gibi oluyorum. Gerçekten de hayret edilecek bir konu bu. Nasıl sonsuzluk? Son nasıl, neden gelmiyor???

Murat 11/B

> "Felsefe insanların
> hayret etme duygusundan doğmuştur"
> sözü ile ilgili bir yorum metni kaleme alınız.

Felsefe insanların
hayret etme duygusundan doğmuştur.
İnsanlar arkadaşlarını iyi tanımalıdır.
Örneğin iki arkadaş biri kiloludur.
Diğeri ona sen kilo veremezsin der.
Belli bir süre sonra diğeri kilo verir.
Arkadaşı hayret ederek çok şaşırır.
Hayret duygusu insanların başına gelince
insanlar kendilerine bir kaç soru sorarlar.

Niyazi 11/K

İnsanların duyguları
çok karışık olduğundan
bu söz doğru olabilir.

Figen 11/K

FELSEFE TAŞ TAHTA GİBİ
SOMUT BİR ŞEY DEĞİLDİR. SOYUTTUR.
FELSEFE TASAVVUF GİBİDİR.
TASAVVUF ANLATILMAZ YAŞANIR.
FELSEFENİN TANIMI YOKTUR
FAKAT AÇIKLAMASI BİRAZ VARDIR.
BURAK 11/K

Bu sözden felsefenin bir şeylere
hayret ettikten sonra ortaya
çıktığını anlıyoruz.
ahmet 11/k

> "Felsefe insanların
> hayret etme duygusundan doğmuştur"
> sözü ile ilgili bir yorum metni kaleme alınız.

Felsefe bir ustanın yanında ekmek pişirmeyi öğrenen çırak gibidir.
Yani usta ekmeği pişirirken ekmekle birlikte çırağı da pişiriyor, alıştırıyor.
Felsefe de Aristoteles bir şey konuşurken öğrencileri onu pür dikkatle dinlermiş.
Aristoteles laf yaparken öğrencileri laf nedir diye bakmazlar lafın nasıl yapıldığını öğrenmeye çalışırlarmış.

Ayhan 11/G

Felsefeyi tam olarak bilmek için insanın meraklı ve atılgan olması gerekir.
Mehmet 11/A

Felsefede insanlar bir şeyi anlamadıklarında "vay canına" derler ve bu yüzden felsefe ortaya çıkmıştır...

Serdar 11/J

FELSEFE BİRAZ TUHAF BİR KONUDUR. İNSANLAR TUHAF ELEŞTİRİLERLE KARŞILAŞABİLİRLER VE BU TUHAFLARINA GİDEBİLİR. FELSEFE ASLINDA GERÇEKLERDİR. FELSEFE DE BİR SANATTIR. BAZI KONULARDA İNSANIN FELSEFEYE İNANASI GELMİYOR. ÇÜNKÜ ÇOK HAYRET EDİLEBİLECEK OLAYLARLA KARŞI KARŞIYA KALABİLİYORUZ.

FETHİ 11/A

Felsefe okuduğumuz kitaplara değil de insan beynine dayanmaktadır. Örneğin insanlar felsefeye dayalı veya başka bir konuya dayalı herhangi bir şey duyduklarında çok şaşırabilmektedir.

Hüseyin 11/B

İnsanlar içinde yaşadıkları kâinatı merak etmektedirler. Zaten bir insan bir şeye hayret etmese felsefe ortaya çıkmaz.

Sefer 11/G

"Bir deliye deli olduğunu ispat edememek o delinin deli olduğu gerçeğini değiştirmez." sözünü felsefenin konuları ve felsefe bilgisinin özellikleri ile bağlantı kurarak açıklayınız.

Bir deli, deli olmayan insanlardan akıllıdır.

Ümmühan 11/K

Her insanın hayatında çeşitli gerçekler vardır. Eğer bir insan deli ise bu gerçektir ve o kişiye ispat edilemeyen bir gerçektir.

Hülya 11/H

Bir deliye deli olduğunu ispat edemeyiz. Çünkü deli kendisinin deli olduğunu söylemez.

Ali 11/F

İspatlanmamış konu hakkında bir şeyler biliyoruzdur zaten ispatlanmış bir konuyu ispatlamak için o konu hakkında ispatlanacak kadar bilgi vermemiz gerekir.

Zeynur 11/F

Örneğin ortaya bir teori atıyorlar. Karşıdaki insanı ikna etmek için bilgi sahibi olması gerekir. İkna olacak insan bilgisi olmalı ki ikna olsun. Ama deliler düşünemediği için ikna olamıyorlar.

Burak 11/F

Her canlı o deliyi o halde kabul etmelidir. Çünkü gerçek sadece gerçektir.

Nihal 11/H

> "Bir deliye deli olduğunu ispat edememek o delinin deli olduğu gerçeğini değiştirmez." sözünü felsefenin konuları ve felsefe bilgisinin özellikleri ile bağlantı kurarak açıklayınız.

Deli zaten delidir. Ona deli olduğunu ispatlasak bile o bunu anlamaz. Anlasa bile bizim gözümüzde zaten o bir delidir. Felsefik olarak bakılarak da bu gerçeği değiştiremeyiz. Bu yüzden deli, deli olduğunu kabul etmelidir.

Ayşe 11/H

Bir deliye başka bir delinin deli olduğunu ispat etmek zor olduğu gibi imkânsızdır da.

Hülya 11/H

DELİNİN DELİ OLDUĞUNU İSPATLAMAK İSPATLAYANA DA DELİYE DE BİR ŞEY KAZANDIRMAZ.

ONUR 11/E

Deli insanla akıllı insan karşı karşıya geldiği zaman deli de kendi düşüncelerinin haklı olduğunu savunur. Ama akıllı insan fazla olduğu zaman delilere fazla söz hakkı düşmez.

Erdem/11 H

> "Bir deliye deli olduğunu ispat edememek
> o delinin deli olduğu gerçeğini değiştirmez." sözünü
> felsefenin konuları ve felsefe bilgisinin özellikleri ile
> bağlantı kurarak açıklayınız.

Bir delinin deli olduğunu ispatlayamamak şüpheciliktir.
İnsan bir şeyi bir olayı ispatlayamadığında şüphe duyar.
Bu şüphelerden sonra acaba deli değil mi gibi bir düşünceye
kapılır. Bazen de insan kendisini düşünür acaba ben neyim?

Mehmet 11 / F

Deli olan birinin deli olduğunu
ispatlamaya çalışmak
çok mantıklı gelmiyor bana.
Bu da bir delilik değil mi?
Adam delirmiş işte
rahat bırakmak gerekir o tür insanları...
Zeynep 11 H

Bir insana salak olduğunu
ispatladığın zaman adam,
ha ben salakmışım bir daha
bu davranışı yapmayım diye düşünür.
Ama deliye deli olduğunu ispatlarsan
deli bundan hiçbir şey anlamaz
ve deli olmaya devam eder.
Uğur 11/F

Bir deliyi deli olduğuna kimse ikna edemez. Çünkü aslında gerçekten deliler çok akıllıdan akıllıdırlar. Deli gibi davranırlar, konuşurlar, deli gibi görünürler ama çok bilgili ve akıllıdırlar. Bence o yüzden deli olduklarını kabullenmezler.

Derya 11/H

Hayatta bazı gerçekler ispat edilemeden de gerçekliğini korur. Bu gerçeğin ne olduğu konusunda insanların şüpheleri bunu değiştirmez.

Burhan 11/H

Ben en baştan şunu söylemek isterim. Deliye niye onun deli olduğu gerçeğini anlatmaya çalışayım ki? Zaten o delidir bilse ne olur bilmese ne olur?

Serap 11/H

Delinin deli olduğu ancak kâğıt üzerinde ispatlanabilir.

Fatma 11/H

Deliler de düşünür ama anlayamazlar.

Arzu 11/H

Descartes hemen her şeyden şüphelenen bir insandır ama şüpheleri daima doğru çıkar. Bilgili bir insandır.

Gülsüme 11/A

Bir insanın ölmüş olması o insanın artık olmadığı anlamına gelir ve bunu kimse değiştiremez. Bunun gibi yani...

Ümit 11/D

İnsanların kendilerinin bile farkında olmadıkları delilikleri vardır. Eşlerini kıskanan insanlar güvensizlikten dolayı delirme noktasına gelirler.

Şadıman 11/A

Deli hakkında bir takım araştırmalar yapılmalıdır ve bir sonuca ulaşılmalıdır.

Erdi 11/D

Örneğin insanlar eski zamanlarda güneşe, ineğe, puta tapalarlardı. Yani insanların içine bir şeye, bir varlığa inanma duygusu yerleşmiştir. Bizi kim yarattı? Nasıl geldik biz? gibi sorular sorarak yanıtlarını bulmaya çalışırız. Ama aslında bu yanıtlar çoktan verilmiştir. Bir puta değil de bir Yaratana inanmak daha mantıklı ve daha güzeldir.

Ümit 11/D

Bir deliye deli olduğunu açıklayamamak sonucu değiştirmez. Zaten deliye deli olduğunu açıklayabilseydik adam bence akıllı olurdu.

Yaşar 11/K

Bir insanın deli olduğunu herkes biliyorsa o insan delidir. Deli kendi deliliğini kabul etmez. Hatta elimizde belge olsa bile deliliğine inanmaz. Bu olay sadece delilerle ilgili değildir. Hiçbir insan kendi suçunu kabul etmez.

Burak 11/K

Deli neden deli olduğunu nasıl deli olduğunu bilmez. Bunun için önce deliye deli olduğunu ispatlamak gerekir ki: deli, deli olduğu gerçeğini bilsin. Ama deliye deli olduğunu ispatlamak da kolay olmaz. Deliye ancak delinin anlayacağı dille tavırla anlatmak gerekir. Deli bunu kabul etmediği sürece deli olduğu gerçeği değişmez. Deliye deli olduğu ispat edildiği zaman delinin deli olduğu gerçeği değişir ve bunu deli de kabul edebilir...

Lokman 11/H

Felsefe aslında ruh biliminden bahseder. Felsefede gerçek asla değiştirilemez. Deli aslında genel delidir. Ama bir kanıtı yoktur. Aslında kanıt kendisidir.

Eren 11/F

Bir insanı deli eden nedenlerin ne olduğunu anlamak lazım. Eğer o insan akıllı ise onun deli olduğunu kanıtlamaya çalışan insanlar o insana çok büyük kötülük yapıyorlardır.

Damla 11/F

Bir deliye deli olduğunu ispat etmek gerekmez. Çünkü onun deli olduğunu herkes bilir o bilmese de olur.

Tolga 11/D

İnsan neye inanmak isterse ona inanır... İster o delinin deli olduğuna ister o delinin deli olmadığına.

Çağdaş 11/C

"Hiçlik" kavramı ile ilgili bir metin kaleme alınız.

Var olan bir varlığa ne kadar hiçlik veya yokluk anlamını verirse demek ki, o varlık o varlığı ya görmüyor ya da tanımıyordur. Eğer ortada bir varlık yoksa veya bulunmuyorsa buna hiçlik denebilir.

Lokman 11/H

Latincede nihil kelimesi hiç anlamına gelmektedir.

Birol 11/H

Hiçlik kavramı kendi kendinden meydana gelmemiştir. Hiçliği hiçlik yapan davranışlar, konuşmalar, yaşam tarzı gibi şeylerdir.

Uğur 11/H

İnsan bu kâinatta hiç yoktur, var olmamıştır. Asıl varlığı soyuttur. Hiçlik bize bulunmamak var olmamak gibi düşünceler çağrıştırır.

İbrahim 11/D

Hiçlik kavramı aslında yokluk demektir. Mesela bir maddeye hiç diyebiliriz. Ama şu anlamda hiç diyebiliriz. Var olduğu halde ona yok deriz. Örneğin bir kalem aslında vardır. Ama onu bir arkadaşımız istediğinde ona bizde olmadığı için yok diyebiliriz.

Ayşe 11/H

Aslında hiçlik diye bir şey yoktur. Çünkü var olan bir şeye hiç diyemeyiz. Bu içinde bulunduğumuz yaşamın bile bir anlamı vardır.

Ayla 11/H

Dünyanın olmamasını düşünemiyorum... En büyük çatışma varlıkla yokluk arasındaki çatışmadır. Dünya olmasaydı ben zaten düşünemeyecektim.

Resul 11/H

Hiçlik kavramı hiçbir şeyin var olmadığını insanların birden meydana geldiğini savunan bir kavramdır.

Sercan 11/H

Hiçlik kavramı her şeyin hiçlikten var olmadığını anlatmaya çalışır.

Özcan 11/H

Bazen insan var olsa bile onu yok sayan bir kavramdır.

Nedim 11/E

Hiçlik ismi cismi olmayan ne olduğu bilinemeyen adı konulamayan bir şeydir. Hiçlik açıklanamaz. Her şey hiç olabilir ya da olmayabilir.

Feride 11/H

Hiç deyince akla boşluk gelir. Hiç kelimesi bir şeyden söz edememek, yorum yapamamak, tıkanmak gibidir. Mesela Tanrı deyince akla çok şey geldiği gibi koskoca bir boşluk da geliyor. Bir yerde tıkanıp kalıyoruz. Her şey ve hiç çok büyük kavramlardır...

Ersin 11/H

Yok, olan şeydir. Varlığı bilip onu bile bile hiçe saymaktır.

Özlem 11/G

Ne anlatıldığı belli olmayan konularda kullanılan bir kavramdır. Ne anlatıldığı belli olmayan konularda aslında konu yoktur. Sadece ortaya atılan fikir ve düşünceler vardır.

Mesut 11/G

Hiç iken "bir" olduk ve hâlâ çoğalıyoruz.

Kadir 11/G

Hiçlik aslında var olmamaktır. Yani bizim kafamızda kurduğumuz mesela bir insan o aslında yoktur ama biz onu kafamızda tasarlarız.

Semranur 11/G

Hiçlik kavramı maddeyi yok sayan bir kavramdır. Ama madde vardır.

Mustafa 11/G

Hiçlik bir insana göre boş bir kavramdır. Felsefede bir konuyu açıklamak için bilim adamları çağrılır. Örneğin bir bilim adamı ortaya bir teori attığında ona katılmayan bilim adamları bu teoriyi boş bulur. Ona katılmaz.

Mithat 11/G

Varlık da bir hiçlikten oluşmuştur.
Hiçlik... Hiçlik... Hiçlik...

Serkan 11/G

Hiçlik, kişinin kendisini sorgulamasını ifade eder.

Uğur 11/G

Varlığı doğa ana yapmıştır gibi bir takım düşünceler vardı insanlar maymundan yaratılmış diye bir takım düşünceler. Hiçlik bu tür düşüncelerden doğar.

Murat 11/G

Hiçlik kavramı kâinatın, evrenin boşluk ve sonsuzluk içinde bulunduğundan bahsetmektedir.

Selçuk 11/G

Hiçlik anlam bakımından
çok yoğun olmayan bir kavramdır.

Mehmet 11/H

Hiçlik hiçbir anlamı olmayan
boşluğu ifade eder. Zaten adı
üzerindedir hiç. Bazen günlük
yaşantımızda da bu cümleyi
çok kullanırız. Hani olur ya
iki sevgili ayrılmak üzeredir.
Kız birçok söz sarf eder.
Erkek ne dersen de hiçbir
anlamı yok işte der.
İşte hiçlik böyle bir şeydir.
Burhan 11/H

Hiç olabilmek için dünyaya gelmemiş
olmamız gerekir.
Hatice 11/H

Farz edelim ki biri gelip
sana hiç olduğunu söyledi.
Bu hiçlik ifadesi bana söylense
biraz acımasızca gelir. Hiçlik
yani yok yani boş şey demektir
bir anlamda. Hiç olsaydık
duyamayacak konuşamayacak
ve hatta gülüp ağlayamayacaktık.
Çünkü hiç'tik...

Nihal 11/H

Hiçlik varlığın eksikliği, yokluğu, var olmayışı anlamına gelir. Bir başka açıdan yorumlarsam herhangi bir varlığın önceden var olup daha sonra yok olması anlamına gelir. Hiçlik boşluk ise hiçbir şey boş olmadığına göre hiçlik de hiç değildir. Hocam nasıl bir soru bu böyle. Yine saçmaladım.

Vahit 11/G

Örneğin bir insan hiç olamaz. Çünkü insan bir yer kaplayan belirli ölçüleri olan bir varlıktır. İnsan bir hiç olamaz ama hiçliği savunabilir.

Ayhan 11/G

Hiçlik sözcüğü yaratılmamış var olmamış bir şey anlamındadır.

Emrah 11/C

İnsan hiçlik kelimesini ortadan kaldırabilir.

Ebru 11/C

Hiçbir şey hiç olsun diye yaratılmamıştır.

Okan 11/C

Hiçlik açıklayamayacağımız bir kavramdır. Ama asıl düşündüğümüzde her şey demektir. Hava, toprak, su bunun gibi ya da varlıklar bunlar birer hiç olabilecek kavramlardır...

Emine 11/C

Hiçlikte hiçbir konu veya görüş ele alınamaz. Çünkü ortada ele alınacak bir şey yoktur.

Şenol 11/C

Eğer hiçlik kavramını savunacak olursak dünyada olmamızı nasıl savunabiliriz. Nasıl açıklayabiliriz ki? Dünyanın varlığını açıklamakta da oldukça zorlanırız.

Elif 11/C

Hiçlik kavramı yani olmayan maddeye hiç denir. Burada hiçlik demekle anlatılmak istenen şey yani insanların ellerinde olmayan bir şeydir.

Hakan 11/F

Hiçlik denildiği zaman akla ilk olarak boş bir şey gelir. Örneğin içi boş bir kova hiçbir şey değildir. Bazı şeyler var oldukları halde bir işe yaramazlar. Yani hiçlerdir. Bazı insanlar da öyledir. Canlı bir vücut içinde yürek olmaması ölü olmaktan farklı değildir (Bu söz sanırım böyleydi) sözü de buna örnektir.

Aslında var olmak bir şey değildir. Önemli olan neden var olduğumuzdur. Neden var olduğunu bilmeyen bir insan da boş bir kova gibidir. Doğru dürüst bir işe yaramaz.

Nilay 11/F

Hiçlik kelimesinin kökü "hiç"tir.
Hiç ortada var olmayan veya var olduğu halde
bir şeye faydası olmayan anlamına gelir.
Mesela ben aslında varım ama aynı zamanda bir hiçim
Özellikle aile içinde bu durum böyle.
Kısacası hiç Burcu gibi bir şey oluyor yani...

Burcu 11/H

Hiç bence boştur
yani bir boşluğun yok yere
kullanılmasıdır.

Murat 11/E

İnsanın
Yaratıcısını terk ettiğinde
olduğu bir şeydir; hiç...

Hamdi 11/H

ADI ÜZERİNDE ZATEN, HİÇ...
BUNUN BİR BAŞKA İZAHI YOKTUR.
YANİ ETKİSİZ ELEMANDIR.

PERİHAN 11/H

Hiçbir insan hiç değildir istese de olamaz.
Serdar 11/C

Hiçlik demek bu evreni yaratan bir yaratıcıyı yani Allah'ı inkâr etmektir. İnsanlara göre evren bir büyük patlamadan meydana gelmiştir. Yani büyük patlama inancı olmayan atayist düşünen bilim adamları dünyanın bir hiçten meydana geldiğini düşünüyor. Dünyada hiçbir şey hiçle cevaplanamaz.

Selim 11/F

Bir kişinin derdi veya sorunu olduğu zaman bir başka kişi o derdi olan kişiye sorduğu zaman, o kişi derdini anlatmak istemediği zaman, hiçbir şeyim yok diyerek konuyu orada kapar ve bir daha o konuyu açmamasını ister.

Cüneyt 11/F

Varlığı yok gözüyle görmektir. Aklı boş insan hiçbir işe yaramaz. Hiçtir yani. Yorumlayamaz, fazla düşünemez. Doğanın güzelliklerine varamaz. Onun için tatsız tuzsuz bir dünya çıkar ortaya.

Nuray 11/F

Bir şeyi yapmak için hiç yapamayız dememeliyiz. Yaşamda hiçlik hiç yapmamak demektir.

Murat 11/F

Hiçlik hayatın anlamını kaybetmeye denir.

Ali 11/F

Elde edilmeye çalışılan ama elde edileme-
yen varlığa hiç denir. Varlığı elde edemeyince
içine düştüğümüz durumun adı ise hiçliktir.

Gamze 11/F

Hiçlik hiç bir şeydir.

Emrah 11/K

Hiçlik olmayan şeyleri temsil eder. Mesela
yerin altında yaşam olduğu bir tane daha
dünya olduğu hep aklıma gelir. Ama bu dü-
şüncem çok saçma onu da biliyorum...

Leyla 11/K

Bu dünyada hep bir boşlukta yaşıyorsan
diğer dünyada da boşlukta yaşarsın.

Erkan 11/K

Hiçliğin derinlik açısından içine girdiğimiz
zaman sonu olmayan bir çukur karşımıza çı-
kabilir. Hiçlik kavramı değersizlik belirtmek
için de kullanılabilir. Mesela bir kişi için "öldün
oğlum sen" denebilir.

Harun 11/K

Üzerine yazı yazılmadan önce bu kâğıt da bir hiçti. Anlamı olmayan anlam katılmayan her şey bir hiçtir. Tıpkı beynimiz olmadığı zaman bedenimizin bir hiç olması gibi...

Meral 11/K

Hiç diye bir kavram yoktur. Hiç'in altında yatan bir takım duygular bir takım kavramlar vardır.

Özlem 11/K

Cevabı olmayan her şey bir hiçtir.

Tülay 11/K

Her nefis bir gün ölümü tadacaktır. Hiçliğe verilecek bir cevaptır bu...

Ahmet 11/K

Aslında anlamını daha biz de kavrayamadık.

Tuğçe 11/K

İnsan vardır ama kendisini yok gibi gören insanlar vardır. Hiç olmak isterler onlar ama bunu başaramazlar.

Burcu 11/C

Dünyadaki hiçbir varlığın anlamının olmadığını ifade eder. Hiçlik kavramı da dünyada-

ki varlıkların işe yaramadığı anlamına gelir.
Dünya boşu boşuna dönüp durmaktadır...

Emre 11/K

Bence sonsuzluk da bir hiçtir. Hiçlik kavramını düşündüğümüzde boşluktur diyoruz ama üzerinde düşündüğümüzde boşluk olmayacağını anlayacağız...

Ebru 11/K

Hiçliğin varlığı yoktur sadece bir sözcük ve kelimedir.

Serap 11/C

Hiçlik elle tutulamamaktır.

Sevilay 11/C

Hiçlik kavramı her şeyin bir gün son bulacağı anlamına gelir. Aslında hayattaki her şey bir hiçten ibarettir. Bütün bu hiçlerin bir gün sonu gelecektir.

Sema 11/D

Anlam olarak hiçlik olmayan anlamına gelmektedir. Adresi olmayan bir yola benzetilebilir hiçlik...

Hakan 11/C

Hiçlik bilinenin dışında kalandır. Hiçi birçok konuya bağlayabiliriz. Örneğin felsefi düşünürlerden Sokrates, hayatı boyunca bildiği tek şeyin hiçbir şey bilmediği olduğunu söylemiştir. Yani birçok şey bildiğinin farkındadır. Bilinenin dışında kalan her şey bir hiçtir.

Özge 11/C

Hiçbir şekilde söz konusu edilemeyen soyutlanmış bir kelime...

Kadir 11/C

İnsanlar hayatlarına bir hiç olarak başlarlar, zamanla o hiçi doldurmaya başlarlar. Hiç aslında sonsuzluk gibi bir şeydir. Doldurursun, doldurursun ama sonuna kadar asla dolduramazsın.

Sinem 11/C

Bir insanın kendi kendini yavaş yavaş yok etmesi ve o kişinin kendisine ve hayata küskün bir şekilde kaybolmasıdır hiçlik.

Batuhan 11/D

Hiçlik evrenin içine düştüğü boşluktur.

Dilek 11/D

Yokluğun, olmayışın sembolü olsa gerek hiçlik. Hiçlik kavramına örnek verecek olursak bir insanın kendi kendini yok yere bitirmesidir.

Emre 11/D

Hiç bana göre varlığı olmayan bir kelimedir.

Cenk 11/D

Hiçlik kelimesi uzun bir şekilde düşündüğümüzde anlamı çok olan bir kelimedir.

Uğur 11/D

Hiçlik var olmayan yani ortada hiçbir şeyin olmadığı bir durumdur. Hiçlik boş bir alandır. Örneğin evren. Evrenin bir kısmı boş, bir kısmı ise uzay boşluğudur. Hiçlik bunun gibidir. Sadece boşluk olan hiçbir şeyin olmadığı bir yerdir. Ama biz uzayın olduğunu biliyoruz. Uzay sadece bir boşluktan ibaret diye uzayı yok sayamayız.

Aklan 11/D

Hiçlik kavramı bir insanın hiçbir varlığı kalmaması, elinde olan varlıkları bile kaybetmesi gibi...

Yeşim 11/D

Hiç deyince insanın aklına pek bir şey gelmiyor.

Sümeyye 11/D

SEN DÜNYADA YAŞAYAN
VARLIKLI BİR ÖLÜSÜN
ANLAMINA GELİR...

ONUR 11/E

Hiçlik bana göre insan hayata gelir ve
bu insan ömründe bir eser bırakmadan giderse
bir hiç olarak gelip gitmiş demektir...

Hakan 11/D

Kapasitemin
cevaplamama yetmediği
bir sorudur.

Baykal 11/B

Bana güvenebilirsin,
seni çok seviyorum
cümlelerini kullanarak yalanlar
söyleyenler "hiç"tirler...
Hiçlik onların peşini hiç mi hiç
bırakmaz...

Fatma 11/K

Hiçlik insanların belki utandığı belki de yapması yanlış olduğunu bildiği olaylar karşısında söylenir. Örneğin genç adam babasından gizli bir sigara içmiştir veya bir yere gittiğinde oyalanmıştır. Eve veya babasının yanına gelir. Baba nerede kaldığını sorunca çocuk; Hiç! der. Arkadaşlarla oturuyorduk gibi bir yanıt verir. Yani insanların çekindiği davranışların cevabıdır hiç.

Uğur 11/D

Bir kere var olduktan sonra hiç olmak artık mümkün değildir.

Savaş 11/A

Hiçbir şey varlığını sonsuza kadar sürdüremez. Çünkü evren gelişim içindedir. Bundan dolayı aslında hiçbir şey var değildir. Aslında var olan sonsuzluktur. Bu sonsuzlukta her şey yok olacaktır.

Ahmet 11/A

Hiçlik denilince akla bomboş bir kova geliyor. Bu kova dolu ama insanlar kendi bilgilerini başkalarına vermek istemedikleri için bu kovaya boş diyorlar.

Bilim adamları görülmemiş bir varlık keşfettiklerinde o varlığın bütün bilgilerini anlamadan insanlara hiçbir şeyden bahsetmiyorlar. Örnek olarak şöyle diyebiliriz.

Ali ve Veli bir bilim adamı olsun. Bunlar yörüngelerine bir varlığın girdiğini görsünler. Ali ile Veli rakip bilim adamı olsun. Ali bu cismi inceleyip tam bir bilgi almadan Veli gelip Ali'den bilgi istesin. Ali de tam bir bilgi almadığı için hiç desin. Yani ona söylemesin. Çünkü bunlar rakip bir firma. Ali bilgiyi tam aldığında insanlara anlatmaya başlarsa Veli'nin bilgisi olmaz. Hiçlik bu anlama gelir. Bilgiyi bilip de rakibine verirse olmaz...

Samet 11/D

Birine kırılırız ama o bize sorduğu zaman hiçbir şeyin olmadığını söyleriz ama içimizde bir kırgınlık vardır ve o kişiye karşı artık eskisi gibi olamayız. Hiç kelimesi ile her şeyi kapattığımızı sanırız.

Şadıman 11/A

Hiçlik felsefi anlamda var olmayandır. Ama şunu unutmayalım ki koskoca kainat da yaratılmadan önce bir hiçten ibaretti. Şimdi bir varlık halini aldı. Bence hiçliğin bile bir anlamı vardır. Hiçlik var olmanın kendi içinde yokluğudur.

Feray 11/A

Hiçbir şeyin bir anlamı olmadığını bir gün her şeyin aslına döneceğini savunan düşünce akımıdır. Yani insanoğlu topraktan gelmiş ve tekrar toprağa dönecektir...

Mümine 11/A

İnsanlar hiçten gelir ve hiçe gider. Bildiğimiz şeyler hiçliği ortadan kaldıracak kadar değerli değildir. Bence bu hiçliğin içinden bu dünyada çıkamayacağız.

Hiçbir şey yokken yokluk nasıldı??? Yokluk somut mu yoksa soyut mudur???

Onur 11/A

Elle tutulamayan gözle görülemeyen aslında dünyada bir hacmi olmayan şeye hiçlik denir.

Yavuz 11/A

Öğrendiklerimiz bildiklerimiz aslında sadece bir hiçliktir. Hiçlik zaten buradan doğar. Öğrendiklerimizin hiç olmasından.

Gülsüme 11/A

Bir insanın var olması, çevresindeki nesnelere dokunabilmesi ve yer çekiminin olması bir şeylerin var olduğunu simgeler. Ancak bunların olmaması sonsuzluğun ortaya çıkmasına neden olur. Hiçlik kavramı düşünüldüğünde insanın aklında derin bir boşluk oluşur.

Murat 11/E

Hiç, sadece bir kelimedir.

Havva 11/E

Hiç olan işe yaramayan bir sözdür. Hiçliğe örnek verirsek hiç olan bir insanı canlandırırsak o kişi sana hiçbir şey ifade etmez. Hiçbir değeri yoktur. Ne yaparsa yapsın bizim için hiçtir. Biz onu hiçliğiyle tanırız ve benimseriz.

Hiç olan veya olmayan bir şeyi biz hiçleştiririz.

Deniz 11/E

Hiçlik yokluktur, yokluk kimsesizliktir, kimsesizlik ise dünyada tek olmaktır.

Erdal 11/E

İnsanı ele aldığımızda (bir insan vardır ama yoktur) Çevresi ona yokmuş gibi davranır (Bu boş bir insandır) Matematik alanında boş küme bir şey ifade etmez. Ama ortada bir küme vardır. (Ama yoktur) İnsanın da aynı şekilde eli, kolu, bacağı, beş duyu organı vardır. (Ama onu insan yapan manevi değerleri yoktur.)

Abdülkerim 11/E

Bence hiçlik kelimesinin başka bir anlamı var ama ben yorumlayamıyorum. Aklımdan geçiyor ama açıklayamıyorum...

Pınar 11/C

Bana göre hiçlik diye bir şey yoktur hocam veya var da ben bilmiyorum.

Burcu 11/A

BİR ÇEMBER NASIL HAFIZAMIZA GELİP YAPIŞIRSA VEYA BİR BOŞ KUTUNUN İÇİNDE BİR ŞEY OLMADIĞINI DÜŞÜNÜRSEK O ZAMAN HİÇLİK AKLIMIZA GELİR. HİÇLİK BOŞLUK ANLAMINDADIR. HİÇBİR ŞEYİ İFADE EDEMEZ. ANLAMSIZDIR KAİNATA, EVRENE KARŞI NE YARAR NE DE ZARAR VEREBİLİR... MESELA ŞEMA ÜZERİNDE GÖSTERELİM...

EDA 11/C

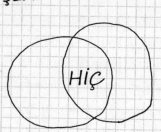

Kendisini bir hiç olarak gören varlık psikolojikman çökme aşamasındadır.

Melek 11/D

Hiçlik kavramı var olan herhangi bir nesnenin veya maddenin olmadan önceki hali diye belirtebilirim...

Mevlüt 11/E

Hiçlik kavramını boşluk kavramıyla bir tutarsak daha geniş bir kapsama girer. Boşluğa giren insanlar yaptıkları şeyin bir hiç olduğunu düşünürler. Yani belirsiz olduğunu... Hiçlik kavramından biraz uzaklaştım ama yine de böyle düşünüyorum...

Sevgi 11/E

Donup kalmaktır, boşluğa düşmektir, bir şey hakkında aklında bir şey olmamasıdır.

Melek 11/E

Hiç gereksiz önemsiz ve dikkat çekmeyendir. Hiç bazen de boşluk doldurandır.

Songül 11/B

Hiçbir şey derken hiçbir şey kelimesinde hiç vardır ama buradaki hiç her şey anlamındadır. Yani hiç bazen her şey olabiliyor. Hiç her şeyi değiştirebiliyor.

Metin 11/E

Hiçlik başkaları yanındayken sana hiç söz hakkının düşmemesi sana bir hiç gibi davranılması demektir. Hiçlik bir boşluğa düşme anlamı içerir. O boşluktan kurtulabilmenin tek ilacı birileri tarafından bir hiç gibi olmayıp sevilip sayılarak hayata kazandırılmaktır.

Eren 11/B

Sanki yeni doğmuş bir insanmış gibi tertemiz dünyadan haberi yokmuş gibi bir şey. Örneğin yeni doğmuş bir bebek farz edersek daha yeni doğmuş dünyada ne olmuş ne bitmiş haberi olmaz. Bana göre hiçlik budur.

Hüseyin 11/B

Hiçlik bana göre yok anlamına gelir Yani moralimiz bozuk olur da arkadaş neyin var der, biz hiç deriz. Bu da aynı onun gibi. Örneğin insan doğal doğar büyür gelişir ve ölür Yokken var olur. Aslında hiç iken var oldu ve yine hiçbir şey oldu...

Özkan 11/B

Hiçlik kavramı olmayan veya bulunamayan varlık türüdür.

Serkan 11/B

Yaşadığımız hayatın aslında var olmadığını düşünüyorum. Evren dediğimiz şey aslında

nedir ki? Kim evrenin tam olarak tanımını ya-
pabilir. Aslında bunların birer oyun olduğunu
bir perdenin arkasında durduğumuzu ve o
perde açıldığında işte o zaman gerçek hayatı
yaşayabileceğimizi düşünüyorum.

Fehime 11/B

Hiç yok anlamında bir kelimedir. Bu du-
rumda hiçlik kavramı hiçbir şey ifade etme-
mektedir. Eskiden köylerde tuza da hiç der-
lermiş Hiçlik kelimesi bu nedenle tuzu da ifa-
de etmektedir. Tabi bu benim görüşüm.

İsa 11/B

Hiçlik kavramı hiç olmayan bir kavram an-
lamına gelir. Günümüzde hiçlik kavramını çok
kullanıyoruz ama gerçekten hiçlik diye bir şey
yoktur. Hiçlik olsaydı zaten insan olmazdı.

Mehmet 11/B

İnsanların kendi kendilerine yarattıkları bir
boşluktur.

Hasret 11/K

Bir kere var olduktan sonra "hiç" olmak
çok zordur.

Gülsüm 11/J

Bir şeye etki etmeyen yani etkisiz elemandır. Örneğin bir fil için bir karınca bir hiçtir. Yani karınca file hiçbir şekilde etki edemez Aslında insanlar da bir hiçtir çünkü Yaratana hiçbir şekilde etki edemezler. Sadece kendilerine etki ederler.

Bilal 11/E

Hiçlik yokluk, oluşmamışlık anlamına gelir...

Emrah 11/D

Hiç soyut bir varlıktır diyemeyeceğim çünkü varlık değildir. Sadece hiçtir, soyuttur. Bunun açıklaması nasıl yapılır. Ben hayattan hiçbir beklentim olamamasına rağmen öylece yaşamaya devam ediyorum. Bu benim dolu bir insan olduğumu değil de sadece kocaman bir hiç olduğumu gösteriyor.

Zeynel 11/K

Kant'ın "Varlığı olduğu gibi değil bize göründüğü şekliyle bilebiliriz" sözünü varlık felsefesinde anlatılan konuları da dikkate alarak yorumlayınız.

Örneğin dünya yuvarlaktır iddiası ilk öne sürüldüğünde kimse inanmamıştır. Herkes hayır düzdür iddiasını öne sürmüştür Bir süre sonra ortaya çıkarılmıştır ki dünya yuvarlaktır.

Zeynep 11/H

Varlığı varlığıyla da biliriz. Göründüğü gibi de biliriz. Varlığın var olduğunu biliyoruz ama göründüğü gibi olup olmadığını bilmiyoruz. Göründüğü gibi olsaydı varlığın var olup olmadığını bilirdik ama göründüğü gibi değilse hiçbir şekilde var olduğunu bilemeyiz.

Derya 11/H

Dünyadaki her varlığın görüş mesafesi farklıdır. İnsan varlığı göründüğü gibi algılar. Örneğin karınca için dağlar tepeler yoktur. Çünkü görme duygusu dağları görecek kadar geniş değildir.

Kubilay 11/H

Örneğin bir kalem varlıktır. Biz kalemi yazı yazmak için görürüz. Çünkü kalem denildiğinde insanın aklına yazı yazan bir varlık gelir. Biz kalemi olduğu gibi değil bize göründüğü gibi biliriz. Hiç de bir varlıktır.

Derya 11/H

Varlığı göründüğü şekliyle kabul etmeliyiz. Çünkü varlığı değiştire-bilmemiz mümkün değildir. Varlığa ayak uydurmalıyız...

Faruk 11/G

ÖRNEĞİN KÂĞIT. BEN ŞAHSEN ONUN İLKOKULU BİTİRENE KADAR TAHTADAN YAPILDIĞINA İNANAMIYORDUM. NASIL OLABİLİR Kİ DİYORDUM AMA ÖĞRETMENLERİMİZ SÖYLEYİNCE İNANIYORDUM.

KADİR 11/G

İki sevgiliden biri diğerine sormuş; gözlerime bak ne görüyorsun diğeri cevap vermiş gözünü. Daha ne görüyorsun; gözünün rengini. Peki, daha ne görüyorsun. Daha başka bir şey göremiyorum. Diğer sevgili cevap vermiş; Sana olan aşkımı görmüyor musun?

Olay budur galiba değil mi hocam...

Mürsel 11/H

Bu söze derste sizin verdiğiniz örnekten yola çıkarak yorum yazıyorum. Birkaç tane karıncayı filin üstüne bırakmışlar. Fil çok büyük karınca çok küçük bir hayvan yani varlık olduğu için karıncalar filin neresindeler ise ancak orasını anlatabilmişlerdir.

Semranur 11/G

Aslında konu varlığın içidir. Yani nelerden oluştuğunun araştırılması gerekir. Marx varlığın sadece madden oluştuğunu ileri sürüyor. Mevlana ise başka şekilde söylüyor. O zaman demek ki varlık içi boş olan bir şey değil.

Mehmet 11/G

Bu cümleyi kısaca bir örnekle açıklayalım. Bir kuyuda bir kurbağanın yaşaması ve büyümesi, yavru meydana getirmesi ve kuyuda büyüyüp hayatına son vermesi bu konuya örnektir.

Sibel 11/K

Örneğin küçük bir çocuğa Allah'ı nasıl anlatırsan o kafasında öyle hayal eder. Mesela biz çocukken bize anlatılan şey Allah her zaman yukardadır. O her şeyden büyüktür. Benim anladığım şey Allah'ın şekil olarak büyüklüğü idi. Ama yavaş yavaş düşünecek yaşa geldiğimde O'nun kudretini ve büyüklüğünü anladım.

Ahmet 11/K

Varlıkların varlık olabildiklerini anlamaları için birbirlerine ihtiyaçları vardır.

Binali 11/F

Toplumumuzda dört çeşit insan vardır. Bir tanesi bayrak yakanlardır. İkincisi standart insan, üçüncüsü standardın biraz üzerinde olan insandır. En üstte de bilim adamları falan vardır.

Niyazi 11/K

Varlığı bizim görebildiğimiz şekliyle görebiliriz. Varlığın bize gözükmediği yerlerde vardır.

Volkan 11/D

Varlığı bilebilmek için onun var olduğuna inanmak gerekir. Varlık insanın içini göstermez her şeyi dış görünüşüyle ele alır. Varlıkta çoğu özellikler bize gözükmez biz görmek istediğimiz gibi görürüz.

Sevilay 11/B

Evren üzerinde hiçbir şey kaybolmaz ve yok olmaz. Örnek verecek olursak sizin bir derste tahtaya yazdığınız bir söz vardı. Gladyatör filminde geçen "bu dünyada yaptıklarımız sonsuzlukta yankılanacaktır" Evrende gerçekleşen hiçbir şey nedensiz yere boşu boşuna yapılmamaktadır.

Engin 11/C

Farabinin varlık anlayışı; var olanlar ve var olmayanlardan oluşur. Var olanlar var olmayanları varlık olarak algılar.

Karl Marx'ın varlık anlayışı doğadaki her varlık birbirinin zıddını oluşturur ve çelişim içine girer.

Batuhan 11/D

Bilim adamları varlığı olduğu gibi değil göründüğü gibi yorumlarlar. Varlığı olduğu için gördükleri için inanırlar. Varlık denen bir şey olmasaydı insanlar kendi düşüncelerinden varlık üretirlerdi ama zaten varlık denen bir şey olduğundan insanlar gözleri ile gördüklerine inanırlar.

Cenk 11/D

Evrende yaşadığımız sürece kainata hazırlık yapmamız gerekir. Çünkü evren gelip geçici bir yerdir. Sonuçta herkesin gideceği yer kâinattır...

Kübra 11/D

> Kant'ın "Varlığı olduğu gibi değil bize göründüğü şekliyle bilebiliriz" sözünü varlık felsefesinde anlatılan konuları da dikkate alarak yorumlayınız.

Felsefe günümüzde çok kullanılan ve ayrıyetten gündemlerden inmeyen bir konudur. Bana göre varlık tabii ki var olmasaydı şu an bu dersi işlemiyor olacaktık.

Recep 11/F

MESELA BEN BAZEN DÜŞÜNÜYORUM BU GÖKYÜZÜ NASIL HAVADA DURUYOR, BİZLER NASIL YAŞIYORUZ. VARLIK ÇOK TUHAF BİR ŞEY...

TUĞÇE 11/K

Bu sözle insanları bize göründükleri şekli ile bilebiliriz denmek isteniyor. Ya olduğun gibi görün ya da git öl. Hocam bu sözü yazmak içimden geldi.

Mehmet 11/A

Varlık sonsuz bir gücün himayesindedir. Benim anladığım o.

Aydın 11/H

Örneğin bir kömüre baktığımız zaman kömür bize sadece siyah bir cisim olarak görünür ama bizim göremediğimiz özellikleri de vardır. Mesela kömürün yeri geldiğinde zehirleyici bir madde olduğunu göremeyiz. Çünkü insanların görmesi ve duyması gereken sesler vardır. Eğer bu maddeler insanların duymasını sağlayamıyorsa algılanamazlar...

Alkan 11/D

İnsanlar varlığın oluşumu ile ilgili pek çok neden ortaya koymuşlardır. Varlığın ve var olmanın nedenleri de vardır. Ama bunu pek düşünmezler sadece varlığı olduğu gibi görürler.

Melek 11/D

Varlığı biz görmek istediğimiz gibi algılar ona göre davranırız. Farklı özelliklerini çok fazla araştırmaz ve olduğu gibi kabulleniriz. Olanın dışına çıkmayız ve çıkmak için çaba harcamayız. Sizin de derste verdiğiniz örneğe göre kurbağa gibi sadece olduğumuz yerde son buluyoruz.

Derya 11/D

Bizler şu ana kadar duyduklarımızla gördüklerimizle bir evren oluşturduk kafamızda.

Suna 11/D

Bizler hayatımız boyunca varlığa kendimize göre bir kılıf buluruz ve o kılıfı varlığa giydiririz.

Murat 11/D

Yani bizler onu nasıl algılayacak şekilde yaratıldı isek öyle algılarız...

Sümeyye 11/D

Varlık bize olduğundan farklı görünür. Örneğin bir aslanı düşünelim. Kimi insanlar aslanın nasıl ve ne şekil hayat bulduğunu araştırmaktan çok onun kürküyle ilgilenir.

Sevgi 11/A

"Anarşizm" kavramı ile ilgili bir metin kaleme alınız.

Anarşist takıntılar içinde sadist duygular taşıyarak insanlara zarar verme çabasında olan bir tür görüştür. Anarşizm teröristler, gerillalar v.b. örgütler hepsi anarşist olup her birinin inandığı şey farklıdır. Ama anarşizm dünyaya yarayan bir şey değildir.

Mithat 11/K

Devlet, din, dil, ırk, şahsiyet olmaksızın barbarca yaşayan insanlara anarşist denir.

Ferhat 11/F

Bir öğretmen hakkında bir yazı yazdıktan sonra bilgi vereceğim Hakan hocam, anarşist bir öğretmen öğrencisine der ki Bana Tanrı'yı göster sana bir portakal vereceğim. Öğrenci de der ki siz bana Tanrı'nın olmadığı bir yer gösterin ben size bir bahçe dolusu bir portakal vereyim.

Böyle bir şeydi bir yazı da okumuştum. Yani anarşizm demek inancı zayıf kimseler demektir. Hükmetmeyi severler.

Burak 11/F

Kökü Yunancadan alınmıştır. Felsefede fikirsel ve düşünsel bir karşı geliş anlamında olur.

Özkan 11/G

Yunancada hükümdarsız anlamına gelen Anartotaj sözcüğünden türemiştir.

Şahin 11/G

Anarşizm insanın özgürlüğünü kısıtlayan ve kurallarla birlikte ortaya çıkan şeydir.

Buket 11/G

Anarşizm Yunanca'dan gelme olup kökü "anaşhoş" anlamına gelir.

Ayhan 11/G

Anarşizm Yunancada hükümdarsız anlamına gelir. Nasıl ki bir ulusun bayrağı ve hükümdarı olmasa o ülkede savaşlar çıkar ve gözü dönmüş bazı ülkeler savaş çıkarır. Nasıl ki bir sürünün başında çoban olmazsa koyunlar etrafa dağılır ve bazı kişiler koyunlar benim diye sahiplenirler bu da o hesaptır.

Yeşim 11/A

Ortaya koydukları delilleri yok sayıp kendi delillerini ortaya koyup insanların çıkarlarını yok saymaktır.

Murat 11/D

Yunanlılar zamanında hükümdarlık yıllarında ortaya çıkan bir tür fikir akımıdır.

Murat 11/D

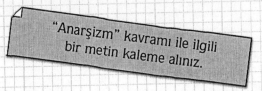
Sadece kendini düşünen
kendinden başka kimseyi düşünmeyen
bir kişiye ya da bir topluluğa denir.
Anarşist insan menfaatçi insandır.
Anarşist insanın arkadaşları da anarşisttir.
Ersin 11/G

Anarşizm deyince genellikle
kendinden geçmiş insanlardır.
Hiç çekinmeden istediklerini
yaparlar. Anarşizmler kafalarında
oluşturdukları planları
gerçekleştirirler.

Gülcan 11/G

Anarşizm kendinden başka hiç kimseyi
düşünmemektir. Sadece kendisi için
yaşayana anarşist denir.
Hayat umurlarında değildir.
Dünya yansa onlar için fark etmez.

Özlem 11/D

ANARŞİZM YAPMA DENİLEN ŞEYİ
YAPMAKTIR.
EREN 11/B

Başlarında bir yöneticinin bulunmadığı topluluk grubuna denir.

Sevgi 11/A

Yunancada hükümdarsız anlamına gelir yani hiçbir söz sahibi olmayan hüküm sürmeyendir...

Gülsüme 11/A

İnsanın her türlü otoriteden arınması gerektiğini savunan bir bilim dalıdır...

Pınar 11/C

Birinci soruda anlatılanların tam tersidir. Bunları buraya yazmaya kalkarsam roman olur ama yine de biraz belirteyim. Dediğim gibi anarşist insan sadece kendisini düşünür. Yani açtır, cimridir, bencildir, vurdumduymaz mahlûkatın tekidir.

Biraz aşırıya kaçacak ama söylemek zorundayım "....." birisidir...

İsmail 11/B

Kendini düşünen asi dünyanın sadece kendi bildiklerinden yaşadıklarından ibaret olduğunu sanan bencil anlamına gelen anarşit sözcüğünden gelir. Anarşizm işte böyle insanların oluşturduğu ve ortaya attığı bir düşünce ve savunma biçimidir.

Meral 11/G

"Felsefe yaşam üzerine üretilen düşüncelerden oluşur" sözü ile anlatılmak istenen nedir? Cümle ile ilgili bir metin yazınız.

Bana göre anlatılmak istenen her şeyin yaşamımız üzerine kurulu olmasıdır. Nasıl ki biz öldüğümüzde yaşamımız sona erecekse felsefe de ölmek üzere olan ve ölmemiş kişilerin yaşamlarını gözetleyerek bilgi toplayarak kendine fayda çıkartmaktadır.

Murat 11/A

Felsefenin konusu bilinmeyeni araştırmaktır. Yaşayış nedeni hakkında sorular soran bir bilimdir.

Feride 11/A

Felsefe yaşamın içindedir, altındadır, üstündedir. Yani yaşamla felsefe iç içedir. Düşünceler de bu şekilde doğar.

Sefer 11/D

Örneğin dünyada hiçbir varlık yokken "hiç" bir dünya iken kültür kelimesinin anlamını bile bilmeyen halkı bilim adamları eğitmiştir. Yani dünyayı bu hale getiren insanlar bilime ve felsefeye inanan insanlardır...

Kübra 11/D

Yaşam o kadar bilinmeyenlerle doludur ki bu bilinmeyenleri bir şekilde birinin ortaya çıkarması gerekiyordu. Bu düşünceyi gerçekleştirmek için felsefe bilim dalı kurulmuştur.

Burhan 11/A

Yaşamın bizden getirdiği bizden götürdüğü şeyler üzerine felsefeye ihtiyaç duyarız. Felsefede bir kural vardır. Bir şey söylenir mesela ama bu şeyin doğruluğunu ya da yanlışlığını ispat edemeyiz.

Özdemir 11/A

Felsefede ispat vardır. Genel kapsamlı çalışmalar vardır. Tedirginlik yoktur...

Gülfer 11/F

Aslında felsefe diye bir şey yoktur. Felsefede insanlar yaşam üzerine üretilen her şeyi düşünürler ve sonunu net olarak bilemezler. Düşündükleri ile kalırlar ama insan bu, düşünmeden de edemez.

Sema 11/K

Örneğin bir konuyu ele alalım. Bir bilim adamı bir konu hakkında bir yorum yapar ve diğer bir bilim adamı ise başka bir konu hakkında bir yorum yapar. Örneğin evrenin yaratılışı bilim adamları bunu araştırır ve bulmaya çalışır ve bulur. Bundan sonra yeni bir düşünce çıkar. Evren kaç günde veya yılda tamamlanmıştır ve bunu araştırırlar ve bulurlar. Bunu bulduktan sonra da kim tarafından yaratılmıştır neden yaratılmıştır diye düşünürler ve böylece felsefenin yaşam üzerindeki üretilen düşüncelerden var olduğunu anlarız.

Barış 11/K

> "Felsefe yaşam üzerine üretilen düşüncelerden oluşur"
> sözü ile anlatılmak istenen nedir?
> Cümle ile ilgili bir metin yazınız.

Leonardo Dawinci dünya yuvarlaktır
dediği zaman kimse inanmamıştır.
Acaba bu adam delimi diye onun hakkında
farklı farklı düşünceler ortaya atılmıştır.
Ve onu asmaya kalkmışlardır. Kısacası
felsefe de söylenen her söze saygı duymak gerekir.

Şenol 11/A

Yaşamın nedenlerini araştıran
Bilim adamları felsefeyi Bulmuşlardır.

Ahmet II/F

FELSEFE YAPMAK ÇOK KOLAYDIR.
BULUNDUĞUMUZ ORTAMDA VEYA EVDE
OTURURKEN YA DA ARKADAŞ
ORTAMINDA FELSEFE YAPILIR.

DİLEK 11/D

Felsefe insanlar için çok önemli bir bilim dalıdır. Bugüne kadar yapılan araştırmalarda tam olarak felsefeyi açıklayamamışlardır.

Halil 11/K

Ben felsefeyi içinden çıkılamayan çok karışık bir yaşam tarzı olarak düşünüyorum...

Ayşegül 11/K

Dünyamız yani evren bir yaşamdır ve her şey yaşam üzerine üretilen düşüncelerle başlamıştır.

Sibel 11/K

Felsefe insanların düşünce mantığını ölçen bir varlıktır. Onun için felsefe yaşam üzerinde zorlukları ve kolaylıkları gösterir. Bizler yaşamımızda fikirlerimizle yaşamı dikkatli bir biçimde sürdürmeliyiz.

Yeter 11/D

Evren o kadar geniş ki üzerinde durulması gereken birçok konu vardır. Hayatı yaşamı varlıkları biraz düşündüğümüzde müthiş sonuçlarla karşılaşırız. Yaşam ucu bucağı olmayan bir boşluk mudur acaba? Aslında böyle değildir. Biz sadece başkalarının bulduğuna inandığımız için bize böyle gelmektedir.

Gülşen 11/D

Felsefe yaşam üzerine üretilen düşünce-lerden oluşur yani felsefe odunla tahtayla veya başka bir şeyleri birleştirerek ortaya çıkmıyor.

Murat 11/D

Felsefe denilince akla bilim adamlarının, filozofların ortaya çıkarmak istedikleri varlık-lar geliyor.

Samet 11/D

Yaşam kavramını su yüzüne çıkartmaktır yani yaşamı üretmektir...

Arzu 11/A

Felsefe dünya yaşamında olup bitenlerin felsefesini yapmaktır. Yaşanmış olan bir ola-yın felsefesini yapmak gerekir. Felsefenin icat ettiği şeylerin dünya yaşamına gerekleri olmuştur.

İsa 11/B

Yaşam olunca insan kendi istemese bile felsefe yapar. Yaşamla felsefe arasındaki bağ sıkıdır. Örneğin bir aslan geyiğin peşin-den koşuyor ama ulan bu geyikten şu kadar et çıkar demiyor. Aslında onun peşinden koş-ması gerektiği için koşuyor.

Sefa 11/B

Descartes'in "Bir üçgenin varlığını kabul ederseniz o üçgenin iç açılarının toplamının yüz seksen derece olduğunu da kabul etmek zorundasınızdır." sözünü felsefenin konuları ile bağlantı kurarak yorumlayınız.

Bir üçgeni kabul ederseniz iç açılarının yüz seksen derece olduğunu da kabul etmeniz gerekir. Çünkü doğrusu budur. Bunu başka bir derece olarak ele almamız mümkün değildir. Aksi takdirde yanlış yapmış oluruz. Bu her şey için böyledir. Doktorsuz hastane düşünülemediği gibi bu konu da böyledir...

Oğuz 11/K

Oradaki üçgeni insana benzetiyorum...

Leyla 11/K

Bilim adamları felsefeyi bir üçgene benzetirler.

Halil 11/K

Felsefenin konuları ile bağlantılıdır. Çünkü felsefe matematikle yakından ilgilidir. Yani iç açılarının toplamı 180 derece yerine 150 derece deseydik işte felsefe burada devreye girer. Felsefe burada iç açılarının toplamının 180 derece olduğunu sonuna kadar savunur...

Ergül 11/K

Descartes bir işi yapmadan önce şüphelenir. Bir işe ilk önce şüpheyle bakar sonra o iş yapılması gerekirse yapar.

Emrah 11/F

Önümüzde bir üçgen olduğunu varsayalım. O üçgenin iç açılarının toplamının 180 derece olduğunu biliyoruz. Peki, bu bilgiye nasıl ulaştık? Deney yaparak mı? Gözlem yaparak mı? Bu sonuca ulaşmak için şüphe etmiş de olabiliriz.

Emrah 11/F

Kabul etmek zorundayız ama felsefe her şeyi yorumlamak demektir. Bu yüzden neden veya nasıl kabul etmek zorundayız cinsinden sorular sorulur. Sormamızın sebebi ise bir üçgenin iç açılarının 180 derece olduğunu kim bulmuş bunu öğrenmektir.

Murat 11/D

Felsefede bir üçgenin bir önemi olup olmadığını bilemem. Ama benim görüşüm açıları bir insan olarak kabul edersek birinci kural insanların bu dünyadan gelip geçtiğini bilmeliyiz. İkinci kural yapacağımız her hareketin bize ne getireceğini bilmeliyiz. Son kural ise ahlakımızla ilgilidir. Kısacası bu konuyu felsefeye bağlarsak insanların tahmin edemeyeceği soruları, ahlakla ilgili konuları bir üçgen adı altında toplamak ve felsefe görüşü ile yanıtlamak gerekir.

Gökhan 11/D

Üçgene üç tane köşesi olduğu için üçgen deriz. Dört köşesi olsaydı üçgen demezdik.

Hüseyin 11/C

İnsanlar doğar, büyür ve ölür.
Kimse birbirine sen ölemezsin diyemez.
Hepimizin gideceği yer vardır.
Onun için insanlar birbirlerinin kalbini kırmamalıdır.

Turgut 11/E

KÖTÜ BİR İNSANA KİŞİ, SEN KÖTÜSÜN DEDİĞİNDE O HAYIR DİYE YANIT VERİRSE BU KÖTÜ OLDUĞUNUN GÖSTERGESİDİR.

YUNUS 11/D

Bir elmaya kalkıp karpuz diyebilir miyiz? Tabi ki diyemeyiz. Onun bir elma olduğunu herkes bilir. Yıllar boyu aynı isimle ifade edilmiş bir şeyi kimse değiştiremez.

Tuğba 11/E

Bir üçgenin varlığını kabul ederseniz o üçgenin iç açılarının toplamının yüz seksen derece olduğunu da kabul etmek zorundasınızdır. Çünkü bunu hiçbir şekilde eleştirmeye gerek yoktur. Bunun zaten 180 derece olduğu kabul edilmiştir ve bu gerçektir.

Selda 11/C

Çoğu şeyin birbiriyle bağlantısı vardır. Tanrı'ya inanılması durumunda onun yüce kişiliğine ve yapabileceklerine de inanılmalıdır. Çünkü bunlar birbiriyle ayrılmaz şeylerdir.

Şirin 11/D

Bazı insanlar vardır çok iyi bildiği bir şeyi bile bildiğinden emin değildir. Onun için her zaman o tür insanların kendine güvenini sağlayacaksın...

Batuhan 11/D

Bu soruyu rasyonalizme göre açıklayabiliriz. Rasyonalizme göre her şey akıl yoluyla bilinebilir. Yani akıllı bir insan güneşin doğudan doğup batıdan battığını ya da gecenin karanlık gündüzün aydınlık olduğunu bilir.

Bir üçgenin de iç açılarının 180 derece olması da böyle bir şeydir.

Sabahattin 11/A

Bir insan dünyayı kabul ediyorsa, bu dünyanın nerede durduğunu yani uzayı da kabul etmelidir...

Salim 11/D

Bir üçgenin var olduğunu kabul edersek o üçgenin iç açılarının da 180 derece olduğunu kabul etmeliyiz ve mecburuz. Bunu felsefi açıdan ifade edecek olursak mesela dünyanın var olduğunu ve bu dünyanın yuvarlak yani yumurta şeklinde olduğunu biliyor ve inanıyorsak üçgenin de olduğunu ve açılarının da 180 derece olduğuna da inanıyoruz. Hem üçgene inanıp da açılarının 180 derece olduğuna niçin inanmayayım?

Yasin 11/D

420 ile 450 yılları arasında Descartes mantık ve bilgiyi kullanarak şüpheciliği savunmuştur.

Ahmet 11/A

BİR ÜÇGENİN VARLIĞINI
KABUL EDEN
BİR SINIF VARDIR
BİR DE ÜÇGENİN VARLIĞINI
KABUL ETMEYEN SINIF VARDIR.

BARIŞ 11/K

Descartes'in bir sözüdür.
Onun demek istediği bir üçgen var ama
bunun açılarının da olduğunu söylemektedir.
Neden üçgeni kabul ediyoruz da açılarını
kabul etmiyoruz?

Necla 11/F

Gülü seven dikenine katlanır
gibi bir şey olsa gerek bu.

Binali 11/F

"Kaybolmak" kavramını yo-
rumlaymız.

Her insan aslında her gün kaybolur.

Olcay 11/H

Kendi kişiliğini bırakıp başka insanların kişiliğine bürünürse insan kaybolur.

Özge 11/H

Düşünceler arasında da kaybolunur ama bu tür kayboluşların bulunuşu zor olur.

Özlem 11/H

Kaybolmak bazen düşünceleri özgürlüğe kavuşturmaktır.

Gökhan 11/H

İnsan doğar, büyür ve ölür. Hayattan bir anda kayboluveririz, kimse izimizi bulamaz.
Selcan 11/H

Kaybolmamak için kitap okumak lazımdır.

Hüseyin 11/H

Ben düşünüyorum da o kadar varlık nasıl meydana geldi? Gördüklerimiz, görmediklerimiz.

Fatma 11/K

Aslında bizler var olduğumuzdan bile tam olarak emin değiliz.

Ümit 11/D

Aslında birçok insanın bunu yapması lazım, sırf kendini, kendindeki beni bulması için ama yapmazlar, çünkü kaybolmak cesaret ister.

Nilgün 11/K

Böyle bir kavram olduğuna göre herkes bir gün kaybolacaktır.

Yılmaz 11/D

Önceden var olup da daha sonra doğa üstünden yok olmaktır, işte felsefe de böyledir. Kaybolan şeyler üstüne sorular sorarak onları bulmaya, ortaya çıkarmaya çalışır.

Turan 11/D

İnsan öldüğünde kaybolup gitmiyor mu hocam?...

Lütfiye 11/D

Burada kaybolmak gittikçe biten toplumu anlatmaktadır.

Mertcan 11/A

Kaybolmak bir insanın kendi bildiği yerden uzaklaşıp bilmediği bir yerde gezdiğini düşünelim o insan gezdiği yerde hep gezer çünkü bir yer bilmemektedir. İnsan olarak sonsuzluğun içinde yürüyoruz, hep gidiyoruz ama bir türlü bitmiyor yol, bir yere varamıyoruz, kaybolmak da bunun gibi işte.

Mehmet 11/A

Başka insanların düşüncelerinin içinde yaşamak, onların doğrularına göre hareket etmek bizim bu hayatta kaybolduğumuzun göstergesidir.

Gülseren 11/A

İnsanoğlu ta Adem ve Havva'dan beri dünyaya geliyor gidiyor. Bir insan doğuyor, büyüyor ve ölüyor artık öyle biri yok, kimse düşünmüyor bu insan o kadar yaşadı ama şimdi yok.

Şenol 11/A

Acaba hayattan öteki tarafa kaybolmak mı yoksa bir yerden bir başka yere kaybolmak mı? Eğer dünyayı bir oda gibi düşünürsek atıyorum Bağcılarda kaybolan bir insan acaba gerçekten kayıp mı olmuştur ya da Bağcılarda ölen insan. İkisi de aslında kayıptır ama bana göre kaybolan ölen insandır. Çünkü gerçekten kayıp olmuştur.

Yücel 11/A

Kaybolmak kavramı yolunu kaybetmiş insanlar için geçerlidir.

Eğer bir yeri bilmiyorsak ve oraya gidersek kayboluruz. Felsefe de kaybolan insanların bir yerde toplanmasını sağlar.

Gökhan 11/A

Yazılıya Girdiğimde Bu soruları nasıl yorumlayaBilirim düşüncesi içinde kayboluyorum. Yazılı Bitince ancak kendime GeleBiliyorum...

Pınar 11/K

Bir insan kendi kafa yapısını kaybetmiş ise kaybolur.

Gülhan 11/A

Genellikle B yazın altındakiler kaybolur.

Soner 11/H

> "Kaybolmak" kavramını yorumlayınız.

Saklanan bir insan da kayboldu sanılarak bir süre sonra aranmaz çünkü nerede olduğu hakkında kimsenin bir fikri yoktur. Ölen insan ise temelli kaybolmuştur, onları ise kimse aramaz.

Betül 11/J

Mesela insan çok büyük bir suç işlediği zaman, günah işlediği zaman yer yarılsa da içine girsem der, o anlarda kaybolmak ister ama kaybolamaz çünkü vicdanı vardır.

Eyüp 11/J

BAZEN HAYATTA KAYBOLMAK LAZIMDIR.

Sefa 11/H

Bir şeylerin içinde hissedersin kendini ama o hissettiğin varlıklar seninle konuşmazlar. İşte insan o zaman 'ben bir hiçim' diyebilir. İnsan kendi kendine kaybolur, kendi kendini yok eder.

Gamze 11/H

Kimsenin seni arayıp sormaması
Gülden 11/H

Var olan bir şeyi yok edebiliriz fakat yok olan bir şeyi var edemeyiz.

Mehmet 11/A

Kaybolmak istesek de kaybolamayız bizler, bizi bulan biri mutlaka olur.

Gökhan 11/A

Hayat düşüncenin ötesindedir anlatılamaz, yaşanırken bilinir. Kaybolan belki de hayattır insan onu bulmuştur.

Sinan 11/A

İnsan beyninin içinde kaybolur.

Cumhur 11/F

Hayatın kendisi kaybolmuştu insan onu buldu ve ona bir anlam verdi.

Çağla 11/E

Kaderimse çekerim talihimse kaybolurum sözünü unutmayalım.

Özkan 11/E

Mesela çok eskilerde yaşayan dinozorların kaybolması gibi. Dinozorların kaybolması felsefede bazı sorular doğurmuştur. Nasıl yok oldukları gibi?...

Büşra 11/C

Hiçbir şey yok olmaz, insan öldüğünde, ateş yandığında, cam kırıldığında her zaman ardında bir şeyler bırakır.

Neslihan 11/C

Bazı insanlar elini, ayağını kaybeder bazıları ise aklını, vicdanını kaybeder. Kaybedilen şey aranan şeydir.

Selim 11/C

Kaybolmak diğer insanlardan farklı olmak demektir.

Hüseyin 11/C

Felsefede bir konuya cevap aramak için sorular sorulur bazen sorular da kaybedilir.

Çağla 11/F

Hakikati ararken, sorulara cevaplar bulmaya çalışırken insanın kendisini bulmasıdır.

Çağla 11/F

Evrenin içindeyiz ayrıca ne yaparsak yapalım dünyadan uzaklaşamıyoruz o yüzden kaybolamayız ama bazı şeyleri kaybedebiliriz. Evrende hiçbir şey kaybolmaz sadece yerleri değişir.

Garbi 11/F

Sevdiğiniz insan sizi sevmediğinde
kaybolursunuz kimse sizi bulamaz
siz bile kendinizi bulamazsınız.

Emrah 11/F

Asıl kaybolmak gerçek olmadığını
bildiğimiz halde yalan dünyada soluk
alıp vermemiz değil mi?...

Eda 11/E

Siz hiç size güvenen bir insanın
hayata ve insanlara olan inancını
sarstınız mı hocam?
Ben sarstım.
İşte kaybolmak size değer veren
bir insanın güvenini
boşa çıkararak
onun hayata ve insanlara olan
inancını sarsmaktır ve sizi
terk etmeyen bir vicdan azabı ile
yaşamak zorunda kalmaktır.

Hakan 11/A

İyilikten yoksun olan insan kötülüğün içinde kaybolur.

Bilal 11/F

İnsanların gittikçe bilgisizleşmesi, insanların her şeyi bildiklerini sanırken aslında hiçbir şey bilmemeleri toplumun kaybedilmesi...

İclal 11/F

Aklımızı görememamiz aklımızın kaybolduğu anlamına gelmez, işte bir kimsenin ölmesi de o kimsenin kaybolması anlamına gelmez.

Ferdi 11/J

İnsan kaybolmaz, kaybolduğunu sanır.

Ayhan 11/J

İnsan bazen mutluluğun içinde de kaybolur.

Pınar 11/J

Kaybolmak kocaman bir binanın birkaç saniye içinde çökmesidir, kaybolmak yanan bir kâğıdın kül olup gitmesidir...

Sultan 11/J

İnsan kaybolmaya meraklı bir varlıktır her yerde kaybolabilir, bir kitabın içinde, düşüncelerinin içinde. İnsanlar kaybolduklarında bilinmeyene doğru yola çıkarlar. İnsan bildiği yerde kaybolmaz.

Tayfun 11/J

Herkesin artık aynı cümleleri kullanarak birbirine yalan söylediği bir dünyada yaşıyoruz. İnsanlar yalanlar söyleyerek kaybolurlar aslında. Dürüst ve samimi kalmaya çalışırken kaybetmek ve üzülmek ise aslında kazanmaktır. Kaybolmamaktır... Kaybolmaya direnmektir.

Bazen size yalan söylenmesi sizin bile bir süre kaybolmanıza sebep olur ama sonra kendinizi tekrar bulursunuz. Çünkü "iyiler asla kaybolmaz" Çünkü Allah buna izin vermez.

Gülsüm 11/J

"Varolmak" kavramı ile ilgili bir metin kaleme alınız..

Kainattaki tüm gezegenler ve galaksiler var olmuştur denildiğinde nasıl ve ne şekilde gibi sorulara cevap aranır...

Tekin 11/H

Kainatta hiçbir şey yokken bir bombanın patlaması ile dünyaya gelen varlıklar vardır.

İşte buna yokken var edilmek denir.

Ayşegül 11/H

Örneğin mahşer gününde olduğunu düşünen bir insan varolmanın ne demek olduğunu biliyor demektir.

Uğur 11/H

Varolmak kavramı insanın kendisini ispatlamasıdır.

Mehmet 11/H

Varolmak bir düşüncedir...

Hülya 11/H

Bir şeyin var olup olmadığını zihin yoluyla bulmak mümkündür. Örneğin rüzgârı göremeyiz ama hissederiz. Yani var olduğunu biliriz.

Feride 11/H

Aslında bu dünyada niçin var olduğumuza ilişkin kendime mantıklı bir cevap bulmuş değilim.

Raşit 11/H

Varolmak insanoğlunun asırlardır devam eden bir yönüdür. İnsanlar doğar büyür ve ölür ama bundan önce hayatta yer edinmek hayatın anlamını kavramak gerekir.

Fatih 11/H

Varolmak ben buradayım demek değildir. Varolmak benim burada olduğumun bilinmesidir. Yani benim değil de başkasının varolduğumu bilmesi gerekir.

Rahim 11/H

Varolmak bir maddenin bir düşüncenin veya bir insanın yaratılmış olarak bulunmasıdır.

Özkan 11/H

Her şey varolmaktan ibarettir. Hiçbir şey varolmasaydı bu dünya boş bir dünya olarak kalırdı...

Serap 11/K

Varolmak bir erdemdir.

Ümit 11/J

Düşünebiliyorum, yürüyebiliyorum, yemek yiyebiliyorum, kendimin ben olduğumu, bir bedenim olduğunu biliyorum. Yoktan var edilmişizdir. Buna karşı nankörlük etmemeli, varlığımıza saygı duymalıyız.

Sibel 11/H

BİZ VAR MIYIZ KONUSUNDA TARTIŞMALAR VARDIR. VAR OLMAK BANA GÖRE ŞU AN ŞU YAZILI DA VAR İSEM VARIMDIR...

SERPİL 11/K

Varolmak bir şeyin amacına ulaşmaktır.

Not: Hocam sorular iyi.

Ulkucan 11/G

Bizim insanlarımız yoktan varolarak bu dünyaya gelmişlerdir.
Ve bunun sayesinde bu vatanda birer vatandaş olarak varolmuşlardır.
Bunun sayesinde onlara düşünme, konuşma, yazma v.b. bazı yetenekler verilmiştir.

Yusuf 11/B

Eğer insanlar Bu dünyaya Geldiyseler var olduysalar Gidecekleri bir yer de vardır.

Ebru 11/C

Varolmak denildiğinde ilk olarak aklıma dünyaya yeni bir bebeğin gelmesi geliyor.
Ayrıca estetik yapanlar da geliyor.
Dünyaya yeniden geldim gibi konuşuyorlar onlar da.

Hüseyin 11/B

Varlık felsefesine göre hissedilen anlamına gelir, yalnız varolmak benim aklımı karıştırıyor. Biz insanlar rüya görmekteyiz. Ana düşünceye göre asıl rüyada mı varız yoksa şu anki durumda mı? Çünkü rüyada da aynı tepkiler ve hareketler yaşanıyor. Örneğin uçurumdan düşmek gibi.

Yaşar 11/K

Bizler bu dünya sahnesinde bir oyuncu olarak var olduysak, rolümüzü iyi oynamalıyız. Çünkü bizi var edene karşı içimizde her zaman minnet ve sevgi vardır. Bir oyuncuyu yıldız yapan yönetmene karşı oyuncunun hissettiği duygular gibi.

Serhat 11/K

İnsanlar kendilerini bu dünyada yaşayan birer varlık zanneder ama bizler birer boşluktan geldik. Kâinatta varolmak iyi bir insan olmak demektir. Eğer bazıları durmadan pis işlerle uğraşıp dururda bu kişiler kendilerinin varolduklarını zannedeler ama Allah katında bir hiçtirler.

Barış 11/K

Varolmak varolmadığını düşünerek varolmanın değerini en iyi şekilde kullanmaktır.

Ferhat 11/F

Varolmak bir boşluğu doldurmak belki de yer kaplamaktır.

Seher 11/F

Varolmak kişinin yaşadığı anlamına gelir. Bir şeyin hayatta olduğuna ve yaşadığına emin oluyorsanız o kişinin varolduğuna inanıyorsunuzdur.

Örneğin şu an yazılıda yanımda oturan Binali hayatta ve yaşıyor ise Binali'nin var olduğunu kabulleniyoruz ve varolduğuna inanıyoruz.

Cüneyt 11/F

Bing Bang'dan sonra bizler aslında bu koskoca yerde yokuz. Nihilizm varlığın var olmadığını hiçbir şeyin bilinemeyeceğini ve doğru olmadığını savunuyor.

Varolmak bir boşluk aslında. Bir soru ????? var aklımda. Felsefeyi yaşatmak mı varolmak?

Yağmur 11/F

Varolmak kavramını şöyle açıklayabiliriz. Bir varlığın bazı olaylardan sonra meydana gelmesi. Bir şeyin varolduğuna inanıyorsan onu kabullenirsin. Bir şeyin varolduğunu biliyorsun ama onu kabullenmiyorsun bu da varolan bir şeyin varolmadığına inanmaktır...

Yağmur 11/F

Varolmak demek her şeyi var olduğu gibi kabul etmek gibi bir şey olmalıdır.

Binali 11/F

İnsanın varlığının arkasında aslında daha büyük ve kudretli bir varlık vardır. Hepimize kendisinden bir parça vermiştir.

Ümit 11/G

Hiçbir şey boşlukta kalmaz evrende ve o boşluğu dolduran şeylere ise biz varlık deriz. Var olmak her şeydir.

Ersin 11/G

Felsefe varlığın varolup olmadığını önce varolduğunu kabul eder.

Arzu 11/G

İnsanların sahip oldukları ve olabilecekleri en büyük şey varolmaktır.

Mesut 11/G

Nasıl ki evren bir patlamayla ortaya çıkmış ve gittikçe büyümüştür. Bunun bir de sonucu olacaktır. Evren gittikçe daralacak ve tekrar bir nokta olup kaybolacaktır.

Mithat 11/G

Kişi bu dünyada vardır. Bunu çeşitli şekillerde ispat eder. Bir filozof "Tutuyorum o halde varım" demiştir. Bu da kişinin varolduğunu ispat eder.

İbrahim ll/D

Bana göre varolmanın anlamı anlamsızlıktan başka bir anlama gelmiyor. İnsanlar doğar çünkü Tanrı ister. İnsanlar ölür ya çok sigara içerler ya da fazla kırmızı et yerler. Varolmanın asıl anlamı budur.

Ahmet 11/G

Varolmak bir şeyin olması gerektiği yerde olması gerektiği zamanda bulunmasıdır.

Hilal 11/D

ADIM VEYSEL.

YAŞIYORUM.

BURADAYIM YANİ VARIM...

VEYSEL ll/A

Varolmak bir hiç olmaktan daha önemlidir. Varlık bir araştırma sonucunda ortaya çıkmıştır. Filozoflar varlığın birden fazla çeşidi olduğuna karar vermişlerdir. Bunlardan bazıları hava, su, ateş, toprak, insan vb.

Sinan 11/D

Varolmak denilince ortada bir varlık vardır. Mesela benim dişim, kulağım, gözüm, parmaklarım, burnum v.s. bunlar birer varlıktır. Bunlar da bir insan oluşturur. Bu insan dünyaya geldiğinde ben bir varlığım diyebilir.

Samet 11/D

Varolmak bir gün öleceğini ve evreninde yok olacağını bilmek demektir.

Uğur 11/D

Eğer bizim var olmamızı biri düşünmeseydi bizler varolamazdık.

Gülşen 11/D

Olmak ya da olmamak değişik zamanlarda değişik mekânlarda toplumun bir köşesinden hayatın içine dalmak bir konu tartışıldığında sana da söz verilmesi varolmak demektir. Bana göre her toplumda konuşabilecek kelimelerimiz olursa muhabbete bir yerinden katılabiliriz.

Yunus 11/D

Evrendeki süremiz dolana kadar varlığımızı hissettirme olanağımız vardır...

Birsen 11/A

İnsanlar ve hayvanlar olması gerektiği için vardır. Biz insanlar var olduğumuz için çok şanslı mıyız? Üzerimizde var olmayanların hakkı var mıdır?

Onur 11/A

Varolmak varlığın doğmasıyla başlayıp ölmesiyle son bulan bir kavramdır. Evren önceden yoktu patlamayla oluştu. Dünya, galaksiler, yeryüzü ve en önemlisi de insanın oluşması. Örneğin insan veya ben Mustafa. Ben de bir varlığım.

Mustafa 11/A

İnsan beyni bilgiye açtır ve durmadan kayıt yapmaktadır. Bu açlığı kitap okuyarak giderir.

Ahmet 11/A

Varolmak kimsenin elinde olmayan bir şeydir. Kimseye var edilirken ağzın gözün nasıl olsun diye sorulmaz.

Yavuz 11/A

Varolmak kainatta ufak da olsa bir yer edinmemizdir. Varlığın kaynağı bizim varolmamızın en büyük kanıtıdır. Varolmak belli bir önem teşkil eder. Varoldum o zaman ben varım. Amaç sadece varolmak değil varlığının bir nedeni, bir amacı olmasıdır.

Murat 11/B

Yaşamın başı varolmakla başlar. Varolmak ya da olmamak işte bütün mesele budur. Olan bir şeyi yaşamaktır varolmak...

Songül 11/B

Varolmak insanoğlunun varolması ve onlardan sonra nesillerinin artması bin bir kuşak olması, dedelerimizin, ninelerimizin varolması gibi örnekler. Âdem babamızla Havva anamızın varolması.

Reyhan 11/B

İnsanların var olmadığını kimse ispatlamaz...

Eyüp 11/B

Hayat hep soru ve cevaplarla doludizgindir.

Eda 11/C

Varolmak denilince benim aklıma "Yaşıyorum o halde varım" sözü geliyor. Bir insan varlığını ispat edebiliyorsa vardır. Köşelere saklanarak, insanlardan kaçarak varlığını ispat edemez.

Gamze 11/B

Bence evrende bir cismi tutup onun varlığını hissediyorsak bence varolmak budur...

Sermin 11/C

İnsanların ve varlıkların varolması gibi yok olması da olabilir. Çünkü insanlar ve varlıklar doğar ve ölür. İnsanlar ölmeleriyle yok oluyorlar ama tarihte anılabiliyorlar. İnsanlar yaşadıkları sürece varolduklarını kanıtlamalıdırlar...

Mustafa 11/C

Bir cisim için dünyada bir ağırlığının olması, bir yer kaplamak bir hacminin olması, bir boyutu olmasıdır.

Gökhan 11/C

Varolmak, olmak ya da olmamaktan ibarettir...

Ekrem 11/C

İnsan varolduğunu gerçekten kesin olarak bilebilir mi?

Bilal 11/E

Varolmak için önce var eden bir varlığın olması gerekir. İnsan varolup sonra da ölür...

Burcu 11/C

İnsanlar varlığı olduğu gibi kabul eder felsefe içine de bakar.

Ayşe 11/E

Eylemde bulunabiliyorsam olduğum yerde durabiliyorsam ya da A yerine B yoluna gidebiliyorsam varım demektir...

Şeyma 11/E

"Felsefedeki amacın nedir?
Şişenin içindeki sineğe çıkı-
şı göstermek mi?"

Wittgenstein'ın bu sözüyle
ilgili olarak felsefenin ko-
nularını ve derste anlatılan-
ları da dikkate alarak
bir metin yazınız.

Felsefe ile ilgili hiçbir amacım yok. Şu anda aklımda sadece ilerisi yani üniversite hayatı var. Ama bir sinek şişeye girdiyse çıkmasına da yardımcı olurum.

Hüseyin 11/H

Eğer kutunun kapağını biz açarsak sinek yaşar ama neden yaşadığını öğrenemez. Çıkışı nasıl bulabileceğini biz ona öğretirsek kendi çabasıyla bir yere gelir.

Gülden 11/H

Buradaki amaç sineğe hiçbir şeyin imkansız olmadığını göstermektir.

Sultan 11/ J

İnsan aklının dışa açılımını sağlamak anlamında kullanılmıştır.

Sevgi 11/J

Felsefenin amacı, şişenin içindeki sineğe çıkış yolunu göstermek değildir, sadece orada bulunan canlıya zarar vermemektir.

Mehtap 11/J

O reçel kavanozunun içindeki sinek benim işte. Evren bir boşluk gibi ve ben de boşlukta yaşıyorum ama boşa yaşamıyorum.

> "Felsefedeki amacın nedir?
> Şişenin içindeki sineğe çıkışı göstermek mi?"
> Wittgenstein'ın bu sözüyle ilgili olarak
> felsefenin konularını ve derste anlatılanları da
> dikkate alarak bir metin yazınız.

Amacım; bilgi dağarcığımı
ve birikimlerimi çoğaltmak
istemem, eğer bir konu varsa
bunu vurgulayarak anlatmak istemem,
söylenen sözleri düşünme ve hakkında
fikir yürütmek istemem.
Ama sinek hakkında bir fikrim yok.
Şenol 11/A

Felsefedeki amacım felsefenin yararlı bir şey
olduğunu kendime biraz daha inandırmak.
Şişenin içindeki sineğe çıkışı göstermek
aslında felsefedeki amaçlarımdan biridir.
Çünkü ben, düşene bir tekme de
ben vurmam diyenlerdenim.
Çünkü her zaman insan yardıma
muhtaç olanlara yardım etmelidir.
Dursun 11/A

Sinek sendromu vardır,
sineğe neyi gösterirsek gösterelim
kendini cama vurmaya devam edecektir
bu kanıtlanmış bir şeydir
hocam kusura bakmayın biraz saçmaladım.
Onur 11/G

Fatma 11/K

Şişenin içindeki sineğe çıkışı göstermek mi derken burada aslında bir cevap arıyor Ludwing. Bu söz burada mecazi anlamda kullanılmıştır. İnsan doğduğunda sorular doğar, felsefede soruların cevabı aranır.

Yasin 11/A

Felsefe dersinde öğrendiğim sinek sendromundan sonra dikkatimi gerçekten bir şey çekti. Evde otururken camdan içeriye sinek girdi daha sonra camı kapattık evin içinde sinek bir saat kadar çıkış aradı kendine sonra camı açtık ama sinek dışarı çıkamadı bir süre açık olmayan pencerelere kendini çarpıp durdu pencerelerden birinin açık olduğunu bir türlü fark edemedi yardım falan ettik de çıkabildi dışarı felsefenin amacı bence budur yani bazı şeylerin neden olduğunu araştırmak.

Yeliz 11/G

Kavanozun içindeki sinek değil de insan olsaydı belki felsefe çıkışına yardım edebilirdi çünkü insan akıl sahibi düşünen bir varlıktır.

Melike 11/G

Sinek dışarıyı görür bu yüzden dışarı çıkmak ister ve kendini cama vurur durur felsefe de insanın dışarıya çıkmasına yardım etmeye çalışır ama dışarıda neler var onu bilemeyiz.

Murat 11/G

Sineğin şişenin içinde kalması gerekir çünkü dışarıya çıkarsa ölebilir.

Tülay 11/G

Şişenin içindeki sinek çıkışın nerede olduğunu bilir ama çıkmaz işte bu da bir felsefe konusudur yani sinek kapak açık olduğu halde neden dışarı çıkmamaktadır.

Ayşe 11/G

Sinek hakkında hiçbir fikrim yok.

Çiğdem 11/E

Önemli olan sineğe çıkışı göstermek değil o şişenin içine nasıl girdiğini bulmaktır.

Adem 11/E

Sinek aynı şeyleri yapmaktan sıkılmış olmalı ki dışarısını, evreni görmek ister.

Sedat 11/B

"Felsefedeki amacın nedir?
Şişenin içindeki sineğe çıkışı göstermek mi?"
Wittgenstein'ın bu sözüyle ilgili olarak
felsefenin konularını ve derste anlatılanları da
dikkate alarak bir metin yazınız.

DÜŞÜNCELERİN
BEYİN KAVANOZUNDA
TURŞUSUNU KURMAKTANSA
AÇIĞA ÇIKARMAK.

ERKAN 11/H

Sineğin kafası bazı konularda
karışmış olmalı ki özgürlük
istemektedir, özgürlüğün dışarıda
bir yerde olduğunu sanmaktadır
ama belki de yanılıyordur.

Timur 11/C

Felsefede kesin yargılar
yer almadığına göre sineğe
sadece çıkış yolunu bulması
için bir takım önerilerde
bulunulabilir. Daha fazlası
felsefenin konularının
dışında kalır.

Neslihan 11/F

İnsanların beyinlerinde tutsak olan, söylemeye sakındıkları düşünceleri serbest bırakmaktır.

Muhammed 11/B

İçinde yaşadığımız dünya ve hayat bir şişe, insanlar ise onun içinde yaşama çabası gösteren ve dışarı çıkabilmek için yardım bekleyen birer sinek gibidir.

Nurdan 11/D

Bu sinek bir hata yapmış reçel kavanozunun içine girmiştir, biz bir hata yaptı diye onu ölüme terk edemeyiz, insan olarak yardım etmemiz gerekir, çünkü hepimiz hata yaparız.

İlknur 11/D

Özgürlüğü kısıtlanmış bir insandan bir şey bekleyemezsiniz, anlatılmak istenen budur.

Mehmet 11/D

Dünyaya gelmek kavanozun içine girmektir.

Pelin 11/D

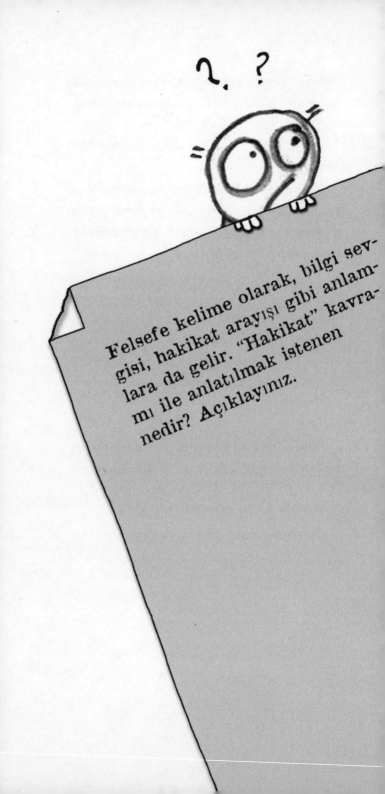

Felsefe kelime olarak, bilgi sevgisi, hakikat arayışı gibi anlamlara da gelir. "Hakikat" kavramı ile anlatılmak istenen nedir? Açıklayınız.

Hakikat olması gereken gerçektir.

Gülden 11/H

Hayatın özündeki iyiliğe dokunabilmektir.

Hasan 11/H

Hayatı çözümlediğinizde elinizde kalandır aslında. Sadece hakikat vardır, hayattan geriye sadece o kalır.

İlknur 11/H

Hakikat olayın görülmeyen tarafıdır.

Adem 11/K

Hakikat gerçeğin bir adım ilerisindedir ama insanlar gerçeğe takılıp kalırlar ve çoğu zaman hakikati göremezler.

Başak 11/K

Varolmak büyük bir mucizedir. Varolmanın altında yatan "sır" nedir? İşte hakikat varolmanın altında yatan "sırdır". Herkes kendine göre bu sırrı açığa çıkarmaya çalışır. Bana göre ise hakikat Allah'tır. Varolmanın temelinde "O" vardır.

Fatma 11/K

Hakikat doğruyu bulmak yanlışı izole etmektir.

Kemal 11/F

Hakikatten yoksun olan insan rotasız bir gemiye benzer.

Eyüp 11/F

Yaradan'ı bilmek ve anlamaktır.

Kaya 11/G

Bilgiyi seven insanlar sürekli bir arayış içinde olurlar ve hakikate bu arayan insanlar ulaşır...

Gökhan 11/A

Felsefe insanı şaşırtacak kadar gelişmiş bir teoremdir.

Gökhan 11/A

Hakikat tektir gerçek ise çoktur.

Canan 11/C

Bu sıranın burada olduğunu bilmek bir gerçektir bir Yaratıcı'nın varlığına inanmak ise hakikattir.

Ahmet 11/E

Mesela yarın yazılı vardır arkadaş yazılı olacağını bilmez öteki arkadaşı yarın yazılı var çalışta gel deyince ona inanmaz bu sefer arkadaşı ona 'hakikatten" yarın yazılı var der.

Cemile 11/H

Sen Bir şeyin Gerçek Olduğuna inanmışındır Bir Gün inandığın Gerçeklerin hiç Birinin aslında Gerçek olmadığını öğrenirsin işte o öğrendiğin şey hakikattir.

SiBel 11/F

Gerçek olup da hakikat olmayan o kadar çok şey vardır ki hayatta...

Elif 11/E

Hakikat ile gerçek arasındaki fark harflerin yerlerinin değişik olmasıdır.

Emre 11/E

Hakikat ile gerçek birbirini kovalar.

Özgür 11/E

Gerçek bütün herkesin kabul ettiği doğru ya da yanlışlardır hakikat ise gerçek olup insanlar tarafından bir türlü kabul edilmeyen şeylerdir, asıl gerçeklerdir.

Tevfik 11/E

Hakikat, Allah katında doğru sayılan anlamına gelir.

Sedat 11/B

Hayatın arkasında yer alan hayata dair doğrulardır.

Volkan 11/B

Descartes'in, "Düşünüyorum öyleyse varım" sözü ile ilgili bir metin yazınız..

> Descartes'in, "Düşünüyorum öyleyse varım" sözü ile ilgili bir metin yazınız.

Her canlı dünyaya nasıl geldim diye
merak eder ve Bunu etrafına sorar,
Bunu düşünerek ve etrafına
sorarak Bulabilir ama Bulamayabilir de...

Ebru 11/E

Şüpheciliği yüzünden
ünlü bir filozof olmuştur.
Damla 11/A

Düşünmek var olmayı tehlikeli kılan şeydir.
Düşünmenin ne kadar tehlikeli bir şey olduğunu
aşık olduğum zaman anladım hocam beynime çivi gibi
saplanan kalbimin çalışma düzenini bozan aklımdan
uzaklaştıramadığım acaba beni seviyor mu beni sev-
miyorsa ne halt ederim gibi sorulardan temizleyemi-
yorum aklımı tüm bu düşündüklerimi düşünmemek
için, düşüncelerimin peşimi bırakması için neler ver-
mezdim ki yani düşünüyorum o halde yokum durumu
benim durumum yani hocam
Descartesle ilgilenecek durumda değilim.

Hakan 11/E

Descartes'in burada anlatmak istediği galiba ona bir soru sorulmuş o soru hakkında düşünüyor ve o düşündüklerini başkalarıyla paylaşmak için ben de varım, beni de dinleyin diyerek cevap veriyor.

Murat 11/B

Diğer canlılardan farkımız düşünebilmektir o halde iyi de kötü de düşünsek bu bizim hayatta diğer canlılardan farklı bir amaca sahip olduğumuzu gösterir.

Uğur 11/J

Bu sözle anlatılmak istenen bireyin yani insanın düşünüyorum yani bir şeyleri biliyorum, bilmek istiyorum, bilmediklerimi araştırıp öğrenmeye çalışıyorum. Var olduğumu biliyorum çünkü evimin yolunu biliyorsam gittiğim yerleri tekrar bulabiliyorsam bu benim var olduğumun işaretidir. Bazı şeyleri var olduğunu bilip kabullenmek zaten bireyin var olmasından kaynaklanıyor.

Yasin 11/A

Veda ederken...

Öğretmen önceden defalarca yapmış olduğu bir eylemi tekrarlayarak sınıfa girer ve öğrencilerinin önünde durur.

Farklı bir gündür. Çünkü artık sona yaklaşılmıştır. Birkaç cümlelik kısa bir konuşmadan sonra elindeki kâğıtları birer birer öğrencilerin önüne bırakmaya başlar. Son kâğıdı da verdikten sonra sandalyesine yönelir, yerine otururken, "Kâğıtları çevirip okumaya başlayabilirsiniz" der.

Ve sessizliğin içinde dudakları usul usul kımıldayan öğrencilerini izlemeye başlar... Bu sahne hemen hemen aynı biçimde tüm lise son sınıflarında tekrarlanır.

Lise son öğrencisine...

Sevgili lise son öğrencisi, bu satırlar sanadır... Gitmenedir... Yüreğinedir...

Hep bir gün gelecek denilen, beklenilen o son güne, son saatlere yaklaşmaktasın artık. Ve geri dönüşü yok bu vedanın... Bu gitmenin...

Gideceksiniz ve geride parmak kaldırmalarınız, dosyalar içinde solacak resimleriniz kalacak. Geride burukluk kalacak.

Artık okul koridorlarında, sınıflarda biriktirdiğin tüm anıların bir yerde toplanma vakti... Lise defterinin son sayfaları da yazılacak ve defter sonsuza kadar kapanacak... Kareli ceketlerinize veda etme zamanı artık...

Tüm sonlar insanın yaşayacağı o nihai "son"dan bir parça taşıdığından, o sonu hatırlattığından mı bilinmez hüzünlüdür biraz. Bir burukluk bırakır insanın içine. Tarif edilemeyen sadece yaşayanların bilebileceği bir burukluktur bu.

İnsan tüm bu kalabalığa, tüm bu koşuşturmacaya rağmen yalnızlığını hatırlar, kimsesizliğini. Bir gün yalnız başına uğurlanacağı o "son" yolculuğunu belki de...

Hayatta bazen ne hissettiğimizi sadece bizim bilebileceğimiz anlar vardır, işte sen o anlardan birini yaşayacaksın. Sana özel anlardan birini.

Ellerin karneye uzanacak ve alacağın o karne parmak uçlarına bir sızı bırakacak...

Çünkü o karne lise hayatında alacağın son karnedir.

Vedalaşma zamanı şimdi. Hoşça kalın deme zamanı. Ben artık gidiyorum deme zamanı...

O karnenin içine düşürdüğü hüzün sana aittir. Son günün sana vereceği asıl armağan odur. Alacağın o son karnenin içinde sadece senin okuyabileceğin başka şeyler yazmaktadır...

Okul koridorlarına veda ettiğin yazılıdır örneğin. Hiç kimselere haber vermeden kendi kendine yaşadığın platonik aşklara, bilemediğin yazılı sorularına, birçok arkadaşına, bazen sitem de ettiğin öğretmenlerine, okul dağılışlarına, zil seslerine, yazı tahtasına veda ettiğin yazılıdır. Oturduğun sıraya, okul duvarlarına, felsefe, edebiyat ve diğer tüm derslerine veda ettiğin yazılıdır. Artık hepsi geride kalacak.

Okulu kırdığın günler, içine hüzün ve neşe eken tüm arkadaşların... Hepsi...

Hayatın koridorlarına, duvarın öteki tarafındaki hayatın içine bırakıyoruz sizleri...

İsimleriniz, derslerde yaptığınız muziplikler, tebessüm eden yüzleriniz kalacak sizden geriye... Bakışlarınız kalacak...

İnsan ömrü boyunca kalbini kaç yerde bırakır, kalbimize kaç kalp değer usulca, bilinmez işte... Artık gidiyorsunuz... Hakkınızı helal edin... Uğurlar olsun...

Allah'a emanet olun...

Son Felsefe Dersi

Mayıs 2006

Bağcılar-İstanbul

carpe diem kitap

merhaba…
beni tanımanı istiyorum…

kitapla çıktım yola.
çünkü insana en çok kitap yakışıyor.
ve mürekkebin kuruduğu yerde
kan akıyor.

bir istanbul baharında doğdum.
baharı ceplerime doldurdum.
kitapla başladım yaşamaya.
rengârenk olsun istedim kitaplarım,
rengârenk olsun diye dünya.

samimi, heyecanlı, yürekli
genç insanlar topladım etrafıma.
ekipleştim, biz'leştim.
bir yayın çizgisi belirledim kendime.
genç… hayat dolu… seçkin.

kocaman hayallerim var,
taptaze bir nefesim, umutlarım var.
gencecik bir yayıneviyim ben,
bütün içtenliğimle sana gülümsüyorum.

merhaba…
beni sevmeni istiyorum…

RUHA DOKUNAN DÜŞÜNCELER

Dostoyevski, Albert Camus, Shakespeare, Tolstoy,
Mevlânâ, Kafka, Goethe, Balzac

Edebiyat ve düşünce dünyasının dev isimlerinden aşka, mutluluğa, inanca, cesarete, nefrete, umuda, ölüme ve hayata dair düşünceler… Sayfalarda sabırsız bekliyorlar okunmak için… Okundukça ruhunuza dokunmak için…

Her biri 5 Lira

Dostoyevski'den
Ruha Dokunan Düşünceler

Albert Camus'den
Ruha Dokunan Düşünceler

Tolstoy'dan
Ruha Dokunan Düşünceler

Shakespeare'den
Ruha Dokunan Düşünceler

Kafka'dan
Ruha Dokunan Düşünceler

Mevlânâ'dan
Ruha Dokunan Düşünceler

Goethe'den
Ruha Dokunan Düşünceler

Balzac'dan
Ruha Dokunan Düşünceler

YAZAR OLMAK İSTİYORUM
Ömer Sevinçgül

Güzel ve etkili yazmak isteyen herkese yararlı olacak rehber bir kitap... Sade dili ve renkli anlatımı sayesinde bir öykü kitabı gibi severek okuyacaksınız.

Şiir, öykü, deneme, roman yazmak, yazdıklarını kitaplaştırmak isteyenler için... Pratik bilgiler, temel yöntemler, kısa notlar...

"Dergiler, yayınevleri yazılarını bekliyor... Yaz! Yaşamın anlamını bırak satır aralarına. Sevdalarını, umutlarını, insanlığını bırak. Ölmekle gömülmeyecek bir cümlen olsun hayata dair. Kendinden geriye, okunası bir hayat bırak. Yorulma yaşamaktan, yaşadığın kadarını yazmaktan. Yaz! Yürek işçilerini kalem tutmak yormaz!

200 sayfa / 6.5 lira

...
Ömer Sevinçgül şiir, öykü, mektup, deneme ve roman yazmak, yazdıklarını kitaplaştırmak isteyenlere temel yöntemler ve yardımı dokunacağını düşündüğü notlar iletiyor. Yazar, kendi yazarlık serüveninde yaşadıklarını, izlenimlerini ve deneyimlerini içtenlikle paylaşıyor. STAR GAZETESİ

...
"Yazar olmak istiyorum" Ömer Sevinçgül'ün, yazar olma yolunda yaşadıklarını paylaştığı ve eli kalem tutanlara kılavuzluk yaptığı bir kitap. Temel yazım teknikleri, deneme üslûbuyla ve samimî öneriler şeklinde sunulmuş okura. ZAMAN GAZETESİ

...
Kitapta dil kullanımı, edebi türler, okumak, yazı yayınlatmak gibi konularda yeni başlayanlar için bilgiler var. RADİKAL GAZETESİ

GÜZEL KONUŞMAK İSTİYORUM
Esra Uluç

Güzel konuşmak hepimiz için gerekli. Hangimizin korkuları, az da olsa telâffuz hataları, vurgu yanlışlıkları yok ki? Samimî bir üslûpla hazırlanmış, fıkralar, tekerlemeler, alıştırmalar, anekdotlarla zenginleştirilmiş bu kitap güzel konuşma yolunda arkadaşlık ediyor okuruna. Keyifli okumalar...

...
Sadece konuşma özrü olanların ya da topluluk karşısında konuşma yapacakların değil Daha iyi iletişim kurmak isteyen herkesin konuşmasını güzelleştirmesi gerektiğini belirten Esra Uluç, kitabında bunun yollarını göstermeyi amaçlıyor. RADİKAL KİTAP

200 sayfa / 6.5 lira

...
Bu kitap, telâffuz hatalarını gidermek, vurgu yanlışlıklarını yok etmek için hazırlanmış. ZAMAN GAZETESİ

DURDURUN DÜNYAYI İNECEK VAR
Kerem Toprak

Biraz acı, biraz tatlı...
Biraz aynı, biraz farklı...
Biraz deli, biraz dolu...
Biraz eğri, biraz doğru...

Sevgi desen var. Umut desen var.
Gençlik desen var. Tepki desen var.
Coşku desen var.
Hayat gibi "kıssacık" yazılar...

Şu "yuvarlak" dünyanın bin türlü düzenine
bazen ayak uydurup bazen sıkılıyorsa canın...
Tamam işte, al bu senin kitabın!
...

Hatalıysam cep telefonuna 'hata' yazıp bir boşluk bırak, 6699'a gönder 'hatasız kul olmaz' melodisi cebine gelsin.

Hava korsanı uçağı kaçıracaktı, yapamadı. Çünkü uçağı kaçırdı.

Türküm, doğruyum, çalışkanım, iyi gelirli bir bayanla evlenmek istiyorum.

Bir cevabım yok ama sorunuza hayran kaldım.

İlahi Azrail, sen adamı öldürürsün!

Bekle, birazdan döncem ben sana. İmza: Semazen

180 Sayfa 5 Lira

KENDİNE BİR İYİLİK YAP
Bilge Göksu

Kendine bir iyilik yap. Bu kitabı al...
Çünkü...
Samimi bir sevginin yerini başka ne tutabilir bu hayatta... Birine karşılıksız iyilik etmenin hazzını başka hangi şey yaşatabilir insana... Hangi intikam daha güçlüdür kötülüğe iyilikle cevap vermekten... İnsan kaldıkça zaten, vazgeçemeyiz ki sevmekten...

Biliyorsun, küçücük bir tebessümle değişebilir bütün dünya bir anda... Biliyorsun, insanlığımız büyüdükçe büyür iyiliğin sıcacık kucağında...

180 Sayfa 5 Lira

HAYAT SEVİNCE GÜZEL!
Ömer Sevinçgül

200 sayfa / 6,5 lira

Gençlik kitapları yazarı Ömer Sevinçgül'den "şeker portakalı" tadında keyifli bir kitap...

Rengârenk öykülerle dopdoluyum.
Güler yüzlü insanlar yaşıyor sayfalarımda.

Eskimeyen sevdalardan, çilek kokulu yıllardan,
ince farklılıklardan, küçük mutluluklardan
bahsederim sana...

Sadeyim, akıcıyım, ilgincim,
efendime söyleyeyim keyifliyim...
Pek tatlı bir şeyim canım!

Kendimim diye söylemiyorum, doğrusu okunmaya değerim.
Beni oku, ısrarla tavsiye ederim...

...

Sevgi, dostluk, hoşgörü, yardımlaşma, başarı, azim, umut, gençlik öyküleri...

Rengârenk yaşamların, eskimeyen sevdaların, gönlü güzel insanların,
çilek kokulu yılların ve küçük mutlulukların kitabı...

HEPİMUS İNANUS
Mine Sota

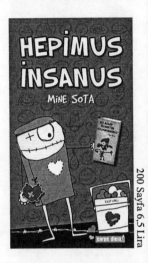

Bu görmüş olduğunuz kitap, her kitapçıda bulunmakla beraber, içindeki şaşırtıcı, afallatıcı, yer yer gülerken gözden yaş getirtici hikâyeler bu kitaptan başka hiç bir yerde bulunmamaktadır. Su içerken okunması, karşınızdakine püskürtme ihtimali sebebiyle önerilmez. Son okuma tarihi, taşınırken kaybolana, ya da bir arkadaşınıza verilip bir daha geri alınmayana kadardır. Gülümseme ışığında ve gönül ısısında muhafaza ediniz… "Sağlıksız koşullarda fikir ürettiğiniz için bu beyni kapatıyoruz." titizliğine varacak bir hassasiyetle kaleme alınmış olan bu kitaptaki düşündürmeler, düşünürken güldürmeler, gülerken kıvrandırmalar tamamıyla yerindendir. Lütfen alıcılarınızın ayarıyla oynamayınız...

200 Sayfa 6.5 Lira

…
Gam keder yüklü dövünmelerle değil, güldürürken afallatan üslubuyla konuşuyor yine Mine Sota. (GERÇEK HAYAT)
…
Bu kitabı alın çünkü; gülmek artık insanların para verip alacakları kadar azaldı. (PC MAGAZİN)

SİZ ÖLMEKTEN GÜLDÜRÜRSÜNÜZ
Mine Sota

"Gerçek Hayat"tan düşündüren, eğlendiren, didikleyen, gıcıklayan, güldüren, insana kendini gösteren yazılar… Bu kitabı seveceksin bana güven… (Bir Dost)

180 Sayfa 5 Lira

ADI AŞK
Bilge Göksu

Aşka dair ne varsa hepsi bu kitapta!
Unutulmaz aşklar... Ünlülerin aşk mektupları...
Aşk mesajları... Aşk sembolleri... Gönül postası...
Aşk büyüleri... Aşk şarkıları... Aşk masalları... Aşk
şiirleri... Aşk hikâyeleri... Aşk filmleri...
Aşk hiç biter mi?!!
...
*Kitaptaki yazılar aşka olan özlemi dindirmeye
birebir geliyor. Özellikle de aylardan şubatsa ve
havada aşk kokusu varsa. (TEMPO DERGİSİ)*

220 Sayfa 6,5 Lira

BU KİTABI
YALNIZ KIZLAR
OKUSUN
BU KİTABI
YALNIZ ERKEKLER
OKUSUN
Bilge Göksu

İki kitap sırt sırta
tek kitapta!

180 Sayfa 5 Lira

ADI YOK

Genç kalemlerin
yazılarına yer veren
renkli, cıvıl cıvıl bir
edebiyat dergisi.
Hadi katıl sen de
aramıza…

Renkli, 40 sayfa 1 lira

hadi sen de katıl aramıza

Kitabını yayınlatmak istiyorsan...

Hazır olan kitap dosyanı, bilgisayarda word formatında yazılmış olarak mail adresime (kitap@carpediemkitap.com) gönder. Mailinde mutlaka ad, soyad, telefon numarası ve adres bilgilerin bulunsun. Kendinle ilgili kısa bir tanıtım yazısı eklemeyi de unutma.

Kişisel bilgilerin yer almadığı, son şekli verilmemiş ve tam metin olarak gönderilmemiş dosyalar değerlendirilmeye alınmamaktadır, bilgin olsun...

Gelen kitap dosyaları editör arkadaşlarım tarafından geliş sıralarına göre okunuyor. Gelen dosya yoğunluğuna bağlı olarak bu süre biraz uzun olabilir (8-12 hafta), biraz sabır... Sen istersen bu süre zarfında kitap dosyanı başka yayınevlerine de gönderebilirsin.

Değerlendirmeler sonunda kitabının yayınına karar verilirse, editör arkadaşlarım seninle irtibata geçecekler.

Birbirinden güzel kitaplara birlikte imza atabilmek umuduyla...

Kitap hazırlayabilirim diyorsan...

Ad, soyad, telefon bilgilerini ve kendinle ilgili kısa bir tanıtım metnini bir maille bana ulaştır. Mailinde hazırlamayı düşündüğün kitap ya da kitaplardan da bahset. Daha önce bu tür bir çalışma yapıp yapmadığını belirtmeyi de unutma olur mu...

Kitap ya da proje önermeyi düşünüyorsan...

Tavsiyelerin benim için önemli... "Şöyle de bir kitap olsa" ya da "Biri şu kitabı yayınlasa" diye düşünebilirsin bazen. Fikirlerini, önerilerini paylaşmak istersen bundan çok memnun olacağımı bil lütfen... Mail adresimi biliyorsun. (kitap@carpediemkitap.com)

kitabı
son sayfasından
okumaya başlayan
kitap okuruna

not: beni oku!
içimdeki gölgeler aydınlansın.
beni oku!
ben okundukça kitap,
sen okudukça insansın...

carpe diem kitap